A LA MÉMOIRE

DE

M. L.-C. ROUSSEAU

MEMBRE DU CONSEIL GÉNÉRAL DU CHER
MAIRE DE FARGES-EN-SEPTAINE
VICE-PRÉSIDENT DE LA SOCIÉTÉ D'AGRICULTURE DU CHER
PRÉSIDENT DU SYNDICAT DES AGRICULTEURS DU CHER
PRÉSIDENT DE LA MUTUELLE DU CHER
PRÉSIDENT DE L'ŒUVRE DES ÉCOLES CHRÉTIENNES DE BOURGES

Décédé à Bourges, le 19 Juillet 1899

DANS SA 65ᵉ ANNÉE

BOURGES

IMPRIMERIE TARDY-PIGELET

15, RUE JOYEUSE, 15

1900

M. LOUIS-CAMILLE ROUSSEAU

A LA MÉMOIRE

DE

M. L.-C. ROUSSEAU

MEMBRE DU CONSEIL GÉNÉRAL DU CHER
MAIRE DE FARGES EN-SEPTAINE
VICE-PRÉSIDENT DE LA SOCIÉTÉ D'AGRICULTURE DU CHER
PRÉSIDENT DU SYNDICAT DES AGRICULTEURS DU CHER
PRÉSIDENT DE LA MUTUELLE DU CHER
PRÉSIDENT DE L'ŒUVRE DES ÉCOLES CHRÉTIENNES DE BOURGES

Décédé à Bourges, le 19 Juillet 1899

DANS SA 65ᵉ ANNÉE

BOURGES

IMPRIMERIE TARDY - PIGELET

15, RUE JOYEUSE, 15

1900

A LA MÉMOIRE

DE

M. Louis-Camille ROUSSEAU

MEMBRE DU CONSEIL GÉNÉRAL DU CHER
MAIRE DE FARGES-EN-SEPTAINE
VICE-PRÉSIDENT DE LA SOCIÉTÉ D'AGRICULTURE DU CHER
PRÉSIDENT DU SYNDICAT DES AGRICULTEURS DU CHER
PRÉSIDENT DE LA MUTUELLE DU CHER
PRÉSIDENT DE L'ŒUVRE DES ÉCOLES CHRÉTIENNES DE BOURGES

Décédé à Bourges, le 19 Juillet 1899

DANS SA 65ᵉ ANNÉE

PRÉFACE

—

La mort de M. Camille Rousseau a provoqué, non seulement dans notre ville, mais dans toute la région, une émotion profonde.

Cet homme de bien s'était fait une spéciale notoriété par l'intégrité comme par l'emploi de sa vie. Ses qualités d'esprit et de cœur furent comme des sources auxquelles tous ceux qui l'approchèrent purent puiser les plus utiles services, si bien qu'à cette mémoire se rattachent, sans restriction ni réserve, l'estime, l'affection, la reconnaissance, l'estime de ceux qui l'ont connu, l'affection des privilégiés de son intimité, la reconnaissance de ceux dont, à un titre quelconque, il a traité, soutenu ou dirigé les intérêts.

Aussi ne faut-il pas s'étonner de l'explosion de regrets qui éclata de toutes parts à la nouvelle de sa disparition de ce monde.

D'autres, sans doute, le suppléeront, mais en

se partageant ce que seul il résumait en lui-même d'aptitudes, de ressources et de dévouement.

Or, ces unanimes regrets ont été traduits en une série de témoignages qui portent, avec l'expression de profonds attachements, l'empreinte d'une unité d'appréciation de son caractère, de ses qualités, de sa vie, singulièrement frappante.

C'est ce qui nous a porté à demander que l'ensemble de ces témoignages épars dans les journaux locaux, dans les revues de diverses sociétés ou dans les bulletins administratifs, fût recueilli en un volume, non pour être livré au public, mais pour être conservé dans le sanctuaire de la famille et offert à ceux qui eurent l'avantage d'être plus intimement associés à sa vie, soit par les relations de l'amitié, soit par la collaboration à ses œuvres.

« *Le meilleur moyen d'honorer la mémoire d'un tel homme, c'est de s'inspirer de ses exemples.* » Telle est la conclusion de la notice nécrologique que lui a consacrée un de ses plus éminents amis [1]. Ce sera la nôtre.

Cette vie si laborieusement employée, si utilement dépensée est, en effet, une leçon précieuse à recueillir par ceux qui se partageront les épaves de la succession, non de ses biens, mais de ses œuvres. Camille Rousseau laisse, en réalité, un

1. M. E. Duvergier de Hauranne, *Bulletin du Syndicat des Agriculteurs du Cher.*

grand et fécond exemple que l'on ne saurait assez instamment proposer à tant d'hommes dont la vie trop effacée demeure frappée d'une stérilité coupable pour eux, funeste à la société au sein de laquelle elle s'épuise. Si tous se montraient empressés à mettre au service des autres les facultés dont ils sont doués, les biens dont la Providence divine les a pourvus, quelle richesse de ressources sociales nous verrions s'ouvrir, et, par là même, quelle heureuse transformation se produirait dans notre cher pays !...

L'intégrité de la vie ne constitue pas toute la tâche de l'homme ici-bas. Dieu y a ajouté le devoir de la fécondité.

Camille Rousseau l'avait compris. Il l'a pleinement et chrétiennement réalisé. Là est son honneur devant les hommes et sa sécurité devant Dieu.

X. D'HARANGUIER DE QUINCEROT,
Chanoine Doyen.

M. LOUIS-CAMILLE ROUSSEAU

Le Messager du Cher, 20 juillet.

Ce n'est pas sans une vive et douloureuse émotion, qui sera partagée par tous ceux qui le connaissaient, que nous annonçons à nos lecteurs la mort de M. Camille Rousseau, conseiller général du Cher, décédé ce matin, 19 juillet, en son hôtel, à Bourges, à l'âge de 64 ans, aux suites d'une longue et douloureuse maladie qui n'a pu être vaincue par les efforts de médecins habiles, ni par les soins, de jours et de nuits, qui lui ont été prodigués avec un admirable dévouement par Mme Rousseau.

M. Camille Rousseau était un homme, était un caractère, et sa vie a été toute de dévouement.

Possesseur d'une belle fortune, il aurait pu comme bien d'autres vivre dans l'oisiveté ; il ne l'a pas voulu, et il a consacré son temps, sa grande intelligence à la Chose Publique.

Maire de Farges-en-Septaine, il a apporté tous ses soins à l'administration de cette commune qu'il a dotée de chemins, de maisons d'écoles, etc., etc.

Nommé par les électeurs du canton de Baugy, il y a bientôt trente ans, conseiller général, il s'est vu renouveler son mandat à chaque élection avec une majorité de plus en plus forte.

Chacun sait la grande place qu'il tenait dans notre assemblée départementale ; les rapports qu'il était appelé à y faire brillaient par une grande clarté et une grande connaissance de la question traitée. Il apportait toujours une parfaite courtoisie dans les discussions les plus vives et ses adversaires reconnaissant la droiture de ses intentions et de son jugement se rangeaient souvent de son avis. Nous disons ses adversaires, car M. Rousseau n'avait pas d'ennemis.

Dès sa jeunesse, M. Rousseau a donné la plus grande partie de son temps à l'agriculture et a fait de sa terre d'Augy une propriété modèle.

Ses cultures pouvaient servir de type, et il a été un des premiers à faire un emploi raisonné et pratique des engrais chimiques.

Vice-président du Comice agricole de Baugy, vice-président de la Société d'agriculture du Cher, il prit une grande part en 1887 à la fondation du *Syndicat des Agriculteurs du Cher*, dont il fut nommé président. C'est grâce à ses soins que ce syndicat, qui rend tant de services aux agriculteurs de notre département, est arrivé au degré de prospérité que nous signalions dernièrement dans le *Messager*.

En 1898, M. Rousseau contribua dans une large mesure, à la fondation *de la caisse de secours mutuels et de retraites entre les adhérents du Syndicat des Agriculteurs du Cher,* œuvre essentiellement utile, dont malheureusement, il ne verra pas le développement.....

Lorsque survint la néfaste loi des laïcisations, M. Rousseau fut des premiers à faire partie *du comité d'organisation de l'œuvre des écoles chrétiennes du diocèse de Bourges,* et Sa Grandeur Mgr Marchal, le vénéré et regretté Archevêque qui se connaissait en hommes, choisissant parmi les meilleurs, chargea M. Rousseau de préparer un projet de règlement général de l'œuvre qui fut adopté ; il le nomma président du comité.

Nous ne pouvons parler des services rendus par M. Rousseau : ceux-là seuls qui se sont adressés à lui, et ils sont nombreux, pourraient le dire.....

Telle fut, en un court abrégé, la vie de celui que nous regrettons, vie d'unité politique et religieuse, et qui aurait été entièrement heureux si la mort n'était venue lui ravir prématurément un fils dont l'avenir promettait d'être des plus brillants.

Chrétien convaincu, M. Rousseau a regardé la mort en face. Se sentant frappé, il appela près de lui son vieil ami, M. l'abbé d'Haranguier, doyen du Chapitre, qui lui administra les derniers sacrements, et reçut ce matin son dernier soupir.

Un autre plus autorisé que nous redira plus longuement ce que fut le regretté défunt. Nous avons voulu dès aujourd'hui apporter notre faible tribut d'hommages à l'ami dévoué de ce journal et offrir à Mme Rousseau et à ses enfants l'assurance de notre douloureuse et respectueuse sympathie.

Journal du Cher, 20 juillet.

On annonce la mort, à l'âge de 64 ans, de M. Camille Rousseau, maire de Farges-en-Septaine, conseiller général du canton de Baugy.

M. Rousseau, dont la santé se trouvait ébranlée depuis quelques années déjà, vit son état s'aggraver après l'hiver dernier ; et, pour la première fois, peut-être, il se trouva empêché par la maladie d'assister à la session d'avril dernier du Conseil général.

M. Camille Rousseau dut ressentir de cet éloignement une grande peine ; et ses amis de l'assemblée départementale ne virent pas sans un profond serrement de cœur, momentanément vide — elle devait l'être pour toujours — cette place que leur éminent collègue avait occupée avec tant de compétence et tant d'autorité.

Pendant plus de trente ans, M. Camille Rousseau a représenté le canton de Baugy au Conseil général, et pendant tout ce temps il en fut un des membres les plus écoutés ; sa parole faisait autorité dans les questions économiques et financières ; son nom se trouva mêlé à toutes les discussions qui, dans cet ordre d'idées, vinrent devant l'assemblée, et ses adversaires durent souvent se rendre à ses arguments d'une logique serrée, dictés par un jugement droit et inspirés par une sincère et profonde conviction.

Car, à notre époque de scepticisme, M. Camille Rousseau ne cessa d'être un homme convaincu. Constamment, il resta fidèle à ses convictions, à sa foi politique. Cette constatation, qui est un hommage rendu à celui qui ne partageait pas absolument nos idées, suffira pour expliquer comment, avec ses brillantes qualités, son expérience des affaires, les services rendus à notre région, M. Camille Rousseau ne vit pas s'ouvrir devant lui les portes du Parlement.

Après un échec des plus honorables, sur le terrain franchement anti-républicain, il ne se représenta d'ailleurs plus.

Et c'est à la défense des intérêts de son canton, des intérêts du département, qu'il ne cessa de se consacrer depuis cette époque.

Bon, serviable, M. Rousseau était adoré dans sa circonscription électorale ; aussi, fut-il élu sans concurrent en 1889 et au renouvellement de 1895. Il faisait partie de la Société d'agriculture du Cher et de la plupart des compagnies savantes et des œuvres philanthropiques locales.

On succède aux hommes de la valeur de M. Rousseau, on les remplace difficilement. Sa mort est une grande perte pour notre département. Au Conseil Général, à la veille surtout de la session d'août, amis et adversaires seront unanimes à déplorer cette fin qui les prive du concours précieux d'une intelligence aussi vive que brillante.

Pour nous, nous prions la famille Rousseau de recevoir l'assurance de nos bien vifs sentiments de condoléance.

L'Indépendant du Cher, 20 juillet.

MORT DE M. ROUSSEAU

M. Camille Rousseau, conseiller général du canton de Baugy, est mort ce matin, à 4 heures, en son hôtel de la rue du Guichet, à Bourges.

Depuis plusieurs années, il était très souffrant de la goutte et il y a quelques mois la maladie avait pris un caractère aigu qui avait enlevé tout espoir à son entourage.

Le défunt était né en octobre 1834.

On sait le rôle important qu'il a joué depuis près de trente ans dans les affaires publiques de notre département.

Maire de Farges-en-Septaine, il avait été élu, en 1871, conseiller général dans le canton de Baugy qu'il n'a pas cessé de représenter depuis cette époque.

Monarchiste libéral, il fut candidat sur la liste conservatrice aux élections législatives de 1885 et arriva le 3ᵉ sur 6; au second tour ce furent les républicains qui l'emportèrent.

Bien que ne partageant pas les idées de M. Rousseau, nous nous faisons un devoir de reconnaître qu'il tenait une grande place à l'Assemblée départementale dont il fut vice-président pendant quelques années, en même temps que membre de la Commission permanente.

Par sa modération, sa courtoisie dans la discussion, il avait su gagner les sympathies de tous ses collègues sans distinction de parti. Très écouté dans les débats auxquels il prenait toujours part avec beaucoup d'à-propos, il se faisait remarquer par une dialectique serrée, un raisonnement lumineux, une connaissance approfondie de la législation, une grande compétence dans les questions économiques et sociales.

C'est surtout en matière d'agriculture que son opinion faisait autorité.

Exploitant lui-même ses propriétés de Baugy, il fut un des premiers à appliquer les découvertes de la science et à en faire profiter ses voisins pour lesquels il était très accueillant et qui n'eurent jamais recours en vain à ses conseils et aux leçons de son expérience.

Il était vice-président de la Société d'agriculture du Cher et du Comice de Bourges, président du Syndicat des agriculteurs à la fondation duquel il avait largement contribué en 1887.

Telles sont, rapidement esquissées, les grandes lignes d'une vie bien remplie et consacrée au service de toute une population qui en gardera une fidèle reconnaissance.

———

Le Messager du Cher, 23 juillet.

M. CAMILLE ROUSSEAU

Le département du Cher vient de faire une perte cruelle dans la personne de M. Camille Rousseau. C'était un des hommes qui honorait le plus son pays et par son talent et par son caractère. La nature l'avait très heureusement doué : intelligence souple, lucide ; travail facile, parole aisée, claire, chaleureuse, lorsque le sujet l'exigeait ; sachant toujours dégager d'une discussion le point précis sur lequel elle devait se concentrer ; débrouillant avec une merveilleuse lucidité les questions les plus confuses comme s'élevant aussi jusqu'aux idées générales que sa génération n'ignorait pas comme la nouvelle venue.

De telles facultés le désignaient pour la vie publique. De bonne heure il en eut le goût. Encore très jeune, en 1860 ou 1861, il fut nommé maire de sa commune de Farges ; depuis, il l'a été sans interruption.

Après la chute de l'Empire, le canton de Baugy l'élut conseiller général. Malgré les fluctuations de l'opinion, il conserva son siège jusqu'à sa mort. Dans ses dernières élections, aucun concurrent n'osait plus se présenter contre lui ; il mettait même sa coquetterie à ne plus faire de démarches. Sa majorité s'accroissait chaque fois.

Au Conseil Général, il avait acquis en peu de temps une grande autorité. Ses rapports sur l'Assistance publique peuvent être considérés comme des modèles du genre.

La dernière fois qu'il prit la parole à l'Assemblée départementale, déjà bien souffrant et fatigué, ce fut à la session d'août de l'année 1898 pour combattre — avec M. le marquis de Vogüé auquel l'unissait, comme l'avait uni à son père, une vive amitié — un vœu attentatoire à la liberté d'enseignement présenté par M. Girault ; il le fit avec son talent habituel.

Depuis, la maladie l'en tint éloigné.

La Société d'agriculture l'avait choisi pour un de ses vice-présidents, car il avait une véritable passion de la terre et une compétence agricole exceptionnelle. Il devint bientôt une des chevilles ouvrières de la Société.

Un des premiers, M. Rousseau eut l'intelligence de comprendre le mouvement social que notre époque vit se dessiner, alors que tant de gens de sa génération étaient déroutés par des idées qui ne leur paraissaient nouvelles qu'à force d'être anciennes. Ce fut lui qui présida la réunion des Unions de la Paix sociale, tenue à Bourges en 1887. Deux ans plus tard, il prit une part importante à ce mouvement fécond de 1889 qui déposa des germes dont nos descendants, plus heureux que nous, verront peut-être la floraison. Au Congrès du Crédit populaire, en 1891, il donna lecture d'un rapport très remarqué.

Partisan décidé du mouvement syndical, il contribua à la fondation de celui du Cher. La présidence à laquelle il fut appelé était la légitime récompense de ses laborieux efforts.

M. Rousseau ne lutta pas avec moins d'éclat et de courage sur le terrain politique. Il avait trop d'intelligence pour n'avoir pas compris quelle cruelle et jusqu'ici inguérissable blessure avait faite à la France sa rupture avec les traditions nationales. C'était dans le retour à une monarchie moderne par ses institutions, ancienne par son principe, qu'il voyait le salut de son pays. Candidat en 1885, aux élections faites au scrutin de liste, il recueillit, comme ses compagnons de lutte, une minorité imposante, bien près de devenir une majorité.

C'était alors le temps des espérances, temps si rapidement envolé. Depuis, nous avons descendu la pente ; aujourd'hui nous sommes bien près de rouler dans l'abîme. Peu de temps avant que la maladie triomphât de ses forces, il y a un mois à peine, il nous écrivit, d'une main défaillante, une lettre dans laquelle il portait un jugement singulièrement lucide sur la crise douloureuse au milieu de laquelle se débat notre patrie, payant ainsi cruellement toutes les erreurs par lesquelles elle s'est laissée égarer, toutes les fautes qu'elle a commises sous des maîtres de plus en plus dégradés.

L'homme privé était chez M. Rousseau, à la hauteur de l'homme public. C'était un chrétien dans toute la force du terme. Il le fut en face de la mort, comme il l'avait été pendant sa vie.

La cause de la liberté religieuse, menacée par d'implacables sectaires dont l'audace s'accroît de nos capitulations et de nos faiblesses, trouva en lui un défenseur non moins résolu. Président du Comité des Écoles libres, ce fut lui, comme on l'a heureusement rappelé, qui rédigea le règlement général de l'Œuvre.

Ses dernières années avaient été assombries par la perte de son fils, enlevé à la fleur de l'âge à l'école Saint-Cyr. Retiré du monde, il ne voyait plus qu'un petit nombre d'amis parmi lesquels il nous faisait l'honneur de nous compter. L'automne nous ramenait tous les ans à ce foyer, maintenant brisé, où tant de bonne grâce, d'amabilité et d'affection, nous attendait toujours.

Je revis encore ces intéressants entretiens dans lesquels mon interlocuteur déployait tant de perspicacité, de justesse de vues, jetait un coup d'œil si perçant sur notre situation sociale.

Nous parcourions ainsi, en devisant, ces grandes plaines du Berry, aux vastes horizons, évocateurs pour nous de tant de vieux et de chers souvenirs, et au bout desquelles se profile la majestueuse silhouette de la Cathédrale de Bourges, toujours si belle à voir de quelque côté qu'elle s'offre aux regards.

Dante a dit quelque part que rien n'est plus triste que le souvenir des heures fortunées dans les jours de malheur. Tout est périssable et éphémère, hélas! et aussi y a-t-il peut-être quelque charme mélancolique à tourner sa pensée vers les instants heureux, vécus avec un ami dont le souvenir inoubliable ne s'effacera jamais de notre cœur profondément attristé.

Urbain GUÉRIN.

OBSÈQUES

Aujourd'hui, samedi, 22 juillet, a eu lieu la cérémonie des obsèques de M. Camille Rousseau.

Le matin, à 7 h. 3/4, un service a été célébré à la Cathédrale ; à onze heures, l'inhumation du regretté défunt a eu lieu à Farges-en-Septaine.

Nous rendrons compte de l'inhumation dans notre numéro de mardi prochain et nous publierons le texte des discours qui ont été prononcés à l'intention et sur la tombe de l'homme de bien dont la disparition laisse un si grand vide, à la fois, à son foyer et dans le département tout entier.

Bornons-nous, dès maintenant, à faire le récit du service funèbre qui a eu lieu à la cathédrale.

Et d'abord, il convient de dire que la mort de M. Rousseau se répandit dans Bourges, mercredi, avec la plus grande rapidité, avec cette rapidité qui est la caractéristique des grands événements.

C'est un événement, en effet, que la mort d'un homme qui était la clef de voûte de tant d'œuvres : plus encore, hélas ! c'est une catastrophe !

Le lendemain les journaux colportaient, à tous les échos amis, la fatale nouvelle. Aussi, de toutes parts, arrivaient des témoignages de respectueuses et de douloureuses sympathies.

Le livre où chacun pouvait s'inscrire, à la maison mortuaire, ne tardait pas à se couvrir de signatures.

Il nous faudrait plusieurs colonnes de ce journal pour les reproduire toutes.

Nous en citerons quelques-unes au hasard :

M. et Mme Edme Corbin ; M. et Mme Henry Chénon de Léché ; M. et Mme de Lignac ; M. et Mme Duchapt ; M. Thomas ; le commandant et Mme Monnier ; Mme Abel de Grossouvre ; Mme Desjobert de Prahas ; M. et Mme René du Plaix ; M. le marquis de Vogüé ; M. le Prince Auguste d'Arenberg, qu'une ancienne amitié liait avec M. Camille Rousseau, mais qui, au dernier moment, a dû exprimer combien il lui en coûtait de ne pouvoir aller rendre les derniers devoirs à un ami auquel il était si profondément attaché ;

M. et Mme de Boisgrollier ; M. et Mme des Francs ; M. Léon Dupuis : Mlles de Grossouvre ; M. et Mme de Verdon ; M. et Mme Edgard Pacaud ; M. et Mme Henri de Grossouvre ; M. Armand Bazenerye ;

M. et Mme Hervet ; M. Gestat ; M. et Mme de Goy ; MM. Jean et Paul Dubois ; M. et Mme Antoine Legrand ; Général Godard ; baron de Montesquieu ; Général et comtesse de Courson de La Villeneuve ; S. G. Mgr l'Archevêque de Bourges ; M. le chanoine d'Haranguier, Doyen du Chapitre , M. et Mme Albert Pascault ; M. et Mme Léon Jacquemet ; colonels Gaertner et Bourcart ; M. Georges Ancillon ; M. et Mme de Maransanges ; M. et Mme Georges de Bacquencourt ; Mme de Champgrand ; comte et comtesse de Champgrand ; comte et comtesse de Bonneval ; M. Corbin de Mangoux ; M. Mignan ; M. Léon et Mlle Geneviève d'Haranguier de Quincerot ; M. et Mme Duhail ; M. et Mme Albert de Grossouvre ; vicomte et vicomtesse de Laugardière ; M. Edmond Chazereau ; M. et Mme de Cotolendy de Beauregard ; M. Durin ; M. Pinet ; M. et Mme Deschamps ; M. Pierre Dubois de la Sablonière ; M. Busson ; M. Ducrot ; Religieuses Ursulines ;

M. le vicaire général Auvrelle ; baron et baronne d'Auzers ; Mme de Chabannes ; M. et Mme Ludovic de Souhalat ; M. Émile Torchon ; Mme

Ayet; Mlles Boissier-Duran; comtesse de Lapparent; M. Paul de Raynal; capitaine de Villermont; M. et Mme de Montfort; M. le Préfet du Cher; M. le sénateur Peaudecerf; docteur Pellerin; M. Charles Lucas; M. Pilliwuyt; M. de Montgremier; M. Gangneron; M. et Mme Taillandier du Plaix; marquis de Chaumont-Quitry; M. de Bengy de Puyvallée; M. de la Guère; M. des Tureaux; M. et Mme Salvat; M. et Mme de Lachaussée;

M. Burdel; comtesse d'Amécourt; M. de Bengy; M. de Boismarmin; M. Mativon; M. de Berville; M. de Fadate; M. et Mme de Champvert; comtesse de Nuchèze; M. Daumy, président du Conseil général; M. Toubeau de Maisonneuve; M. de Lamerville; le P. Caron; M. l'Aumônier militaire; M. le Curé de Saint-Bonnet; M. le Directeur du *Messager du Cher*, etc., etc.

Le cortège s'est rendu à la Cathédrale où l'assistance était des plus nombreuses.

Les cordons du poële étaient tenus par : M. le marquis de Vogüé, président de la Société des Agriculteurs de France, conseiller général du Cher; M. le marquis de Chaumont-Quitry, maire de Nohant-en-Goût; M. le comte de Bonneval, maire de Thaumiers; M. Pierre Dubois de la Sablonière, conseiller d'arrondissement du canton de Baugy.

Le deuil était conduit par M. André Rousseau, lieutenant au 7e hussards et Mme Abel Chénon, M. Abel Chénon et Mme André Rousseau; M. Paskiewicz, vice-président de la Société d'agriculture du Cher et Mme Paskiewicz; colonel et Mme Leddet; capitaine et Mme de Beauvais; commandant et Mme de la Chaise; M. Augustin de Beauvais, auditeur à la Cour des Comptes; capitaine et Mme Stephan Paskiewicz; M. Ladislas Paskiewicz.

La messe a été célébrée par M. le chanoine Renagout, entouré d'un nombreux clergé.

M. l'Archiprêtre de la Cathédrale a aussi donné l'absoute, puis le char funèbre, qui disparaissait littéralement sous les couronnes envoyées de toutes parts, parmi lesquelles nous avons remarqué: celles du Cercle littéraire, dont M. Rousseau faisait partie depuis de longues années, de la Colonie de La Loge, des Membres du Syndicat, de la Société d'assurances mutuelles, du Conseil municipal de Farges, des habitants, etc., etc.

Ensuite, le convoi s'est dirigé vers Farges où a lieu l'inhumation dans le caveau de famille.

Le Messager du Cher.

LE CONVOI

Il nous reste encore un pénible devoir à remplir : rendre compte de la cérémonie de l'inhumation de M. Camille Rousseau, qui a eu lieu à Farges.

Vers midi, le triste convoi est arrivé à Augy où se trouvait le conseil municipal de Farges qui s'était ainsi porté au devant du cortège, suivi de toute la population.

M. Gauthier, adjoint, a demandé à entourer le cercueil du regretté maire de Farges de l'écharpe municipale.

Touchante et délicate attention qui montre combien était populaire l'homme éminent que nous pleurons tous.

La levée du corps a été faite par M. le curé de Farges, entouré de tous les prêtres du canton, puis le cortège s'est mis en marche vers l'église.

Le conseil municipal avait tenu à entourer le char en portant des cierges.

Ce dernier était déjà chargé de couronnes à Bourges. Ne pouvant plus contenir toutes celles qui avaient été envoyées à Augy par des mains pieuses, elles furent portées par des habitants de la commune.

Les cordons du poële étaient tenus par M. le marquis de Vogüé, remplacé jusqu'à l'église par M. Jean Sarrau, par M. le marquis de Chaumont-Quitry, M. Gauthier, adjoint de Farges, et M. Pierre Dubois de la Sablonière.

L'église était dix fois trop étroite pour contenir la foule accourue de tout le canton afin de rendre un dernier hommage à la mémoire de celui qui emporte tant de regrets.

Il est des hommes, en effet, auxquels on succède mais que l'on ne remplace pas.

M. Rousseau était de ceux-là. Et cette manifestation des foules se pressant à ses obsèques est bien la démonstration la plus éloquente de la grande place qu'il occupait dans notre région.

La messe a été célébrée par M. le curé de Farges ; l'orgue était tenu par un prêtre du canton.

____

L'INHUMATION A FARGES

La mort de M. Camille Rousseau est pour le canton de Baugy un malheur public. Pour le constater il n'y avait qu'à voir l'émotion de la foule accourue, samedi, à Farges pour son enterrement, et qu'à prêter l'oreille aux réflexions échangées dans les divers groupes. Par une vie toute d'honneur, de dévouement, d'esprit chré-

3*

tien, M. Rousseau avait gagné l'affection, la reconnaissance du très grand nombre, l'estime respectueuse, la confiance de tous. Nous l'aimions et nous étions fiers de lui. Aussi d'Augy à Farges lui fit-on une escorte nombreuse, et l'église ne put-elle contenir tous ceux qui, avec nous, désiraient prier pour le regretté défunt au pied des autels. Toute la contrée était représentée. Nous avons remarqué, au hasard, M. le marquis de Vogüé, M. Pierre Dubois de la Sablonière, M. le marquis de Chaumont-Quitry, M. l'adjoint de Farges, qui portaient les coins du drap, M. le comte de Champgrand, de Tonateau-Gindre, le prince Robert d'Arenberg, etc., etc., et plusieurs officiers supérieurs.

M. le curé de Saligny tint l'harmonium avec un pieux talent. Après la messe, chantée par M. le curé de Farges, triste d'une tristesse qu'expliquent les liens qui l'unissaient à M. Rousseau et ce vide creusé par cette mort dans sa paroisse, M. d'Haranguier, doyen du Chapitre, monta en chaire.

Il parla de M. Rousseau, homme public, homme intime.

Il nous dit comment, investi d'un mandat de confiance par ses concitoyens, il s'en fit, pendant trente ans, comme une propriété intangible, comment, grâce à un travail assidu éclairé par une lumineuse intelligence, il devint, au Conseil

Général, dans toutes les discussions administratives ou financières, dans la gestion des affaires départementales, l'homme nécessaire : sa parole fit loi. Dans les questions qui avaient quelque rapport plus direct avec la politique ou la religion, il calmait, par un tact exquis, par une courtoisie très fine et très sympathique les préjugés de ceux qu'il ne pouvait convaincre : même il désarmait parfois ses adversaires par son désintéressement reconnu et par sa droiture proverbiale.

Chrétien, il le fut surtout quand il s'agit de prévenir les funestes effets de cette loi sur l'enseignement dont l'application déloyale rendait l'école neutre, l'école de l'athéisme. M. Rousseau résolut de fonder un comité qui concentrât les ressources nécessaires à la fondation d'écoles libres religieuses. Il s'en ouvrit à Mgr Marchal qui l'encouragea. Le projet mûri, rédigé, fut accepté, et Monseigneur nomma président du comité des écoles libres du diocèse, M. Rousseau, lui donnant comme collaborateurs MM. Clément, sénateur de l'Indre, et le prince d'Arenberg, député de Bourges. On sait avec quelle énergie et quelle délicatesse M. Rousseau s'acquitta de sa mission.

L'homme public, ajouta l'orateur, ne fut si irréprochable, si influent, si indiscuté que parce qu'il fut l'expression de l'homme intime. M. Rousseau fut un croyant, il eut foi en Dieu, foi en toutes les belles et nobles choses ; or, croire, c'est agir. Cette fermeté de croyance donne le secret de cette vie publique d'une si fière ordonnance. Avec la Foi il eut l'Espérance, il eut la Charité. Aussi calme dans les souffrances les plus aiguës, il fut doux envers la mort, il posa son âme comme le Juste que Dieu appelle à la récompense éternelle.

Au cimetière, M. le marquis de Vogüé, au nom du Conseil Général, M. Pierre Dubois, au nom du canton de Baugy, rendirent au défunt un nouvel hommage, M. de Vogüé dit l'action éminemment pacificatrice et sociale de M. Rousseau, vivant sur ses terres au milieu des travailleurs, se consacrant à eux, leur prodiguant l'appui de ses relations, les fruits de son expérience, se faisant leur éducateur, leur guide.

M. Rousseau était royaliste et libéral. Fidèle à ses traditions politiques, il était néanmoins de son temps : inébranlable dans la défense des immunités et des libertés nécessaires et des principes, large dans les concessions permises, utiles, il avait l'oreille ouverte à toutes les idées nouvelles, l'esprit en quête des solutions des problèmes sociaux si aigus actuels, animé du souffle chrétien, puisant dans sa foi la quiétude du juste, le pardon des ingratitudes, la résignation dans les tristesses. Sa place, au Conseil Général, fut la première.

Nul n'y fut plus documenté, ni d'une intelligence plus souple. Il connut tous les sujets, traita toutes les questions, et si la mutualité produit un jour dans notre département quelque bien, nous le devrons à M. Rousseau : en ceci il fut un précurseur.

On sentait la tristesse dans la parole un peu saccadée de l'orateur, on la voyait dans les larmes qui coulaient de ses yeux. C'était l'évocation du passé, de vingt-cinq années vécues côte à côte, vingt-cinq années de lutte avec un ami sûr, actif, clairvoyant, armé de toutes pièces ! Aussi quelle émotion fut la nôtre lorsque l'éminent panégyriste s'écria : « Messieurs, je tirerai la leçon de cette cérémonie funèbre qui nous rassemble. Camille Rousseau ne doit sa popularité et son influence ni à la politique, ni à la richesse, ni au pouvoir. Il fut un homme bon, simple, dévoué, supérieur aux situations qu'il occupa, mais toujours modeste. Et cependant vous l'avez aimé, vous l'aimez encore. Qu'est-ce cela, Messieurs ! C'est la revanche de l'honnêteté, de la vertu que je salue ici comme... une espérance. »

Au nom du canton de Baugy, M. Pierre Dubois prit la parole. Il sut peindre M. Rousseau tel qu'il était ; il le fit revivre en son château, aux foires, affable, attirant, secourable, causant familièrement avec tous ceux qui avaient besoin d'un conseil ou d'un appui, prenant le bras de ceux qui avaient à lui confier quelques affaires discrètes, et les emmenant à l'écart, à l'abri des curiosités jalouses, toujours heureux de se dépenser, toujours l'obligé des personnes à qui il avait rendu quelque service. Combien en ont reçu de lui ! Combien ont été par lui aidés, encouragés, placés ! « Ses connaissances, ses mérites, son influence étaient le patrimoine de ses concitoyens. Nous ne le verrons plus, il repose dans le sein de Dieu : mais toujours son souvenir sera au milieu de nous et son exemple nous guidera. »

Dieu veut que les sympathies en ce monde allègent le poids de nos épreuves et qu'elles soient une consolation à nos cœurs brisés. Cette consolation n'a pas manqué à la famille de M. Rousseau. Encore qu'elle soit fragile et qu'elle passe, comme tout ce qui vient de l'homme, elle demeure cependant dans l'âme qui la recueille, empruntant quelque germe de vie de la Foi qui l'inspire en présence d'une tombe. Nous, chrétiens, nous irons au delà, nous ferons mieux encore : nous prierons.   L. R.

ÉLOGE FUNÈBRE

PAR M. X. D'HARANGUIER DE QUINCEROT
CHANOINE, DOYEN DU CHAPITRE

Vous me pardonnerez, Mes Frères, si j'interromps un instant le cours de vos ardentes prières, si je trouble le recueillement dans lequel, au plus intime de son cœur, chacun de vous savoure l'amertume de ses regrets, pour adresser un suprême et solennel adieu à ce mort à qui nous sommes unis, les uns par les liens d'une tendre amitié, les autres par la plus juste reconnaissance, tous par la plus parfaite estime et le plus religieux attachement.

Ce n'est pas un éloge funèbre que je prétends faire. Cette tâche serait, à l'heure présente, au-dessus de mes forces. Je risquerais de répondre trop imparfaitement et aux mérites du sujet et à l'attente de ceux qui daignent m'entendre. Son éloge est dans cette vie si chrétiennement inspirée et si généreusement dépensée ; il est dans les affections si douloureusement brisées par sa mort ; il est dans les souvenirs impérissables qui demeureront attachés à sa mémoire ; il est dans les exemples laissés à ceux qui lui doivent survivre ; il est en son nom auquel il a su unir tout ce qui fait la valeur d'un homme et l'honneur d'un chrétien.

C'est un simple hommage du cœur que je veux essayer de rendre à celui qui m'a honoré d'une amitié qui date de plus d'un demi-siècle, sûr que les sentiments que j'exprimerai pour cette chère mémoire seront à l'unisson des sentiments qui font vibrer vos âmes à cette heure douloureuse. Témoin comme vous de cette vie que j'admire, j'ai été de plus appelé à pénétrer dans les replis de son âme et à y lire ce qu'elle renfermait de grand, de généreux et par dessus tout de chrétien.

Si l'étendue des regrets que provoque une mort nous peut donner la mesure de la valeur de sa victime, que dirais-je de celui dont nous déplorons aujourd'hui la perte?... Ici n'est plus seulement la désolation d'une famille qui pleure un chef respecté et aimé. Il y a plus que le brisement d'affections intimes, que le trouble apporté dans le cercle relativement restreint de la parenté ou de l'amitié, quelque étendues qu'en soient les ramifications ; c'est la consternation d'une population entière qui, depuis près de quarante ans, lui a confié la gestion de ses intérêts. Que dis-je ? c'est le désarroi de toute une région qui l'avait fait son représentant près des pouvoirs publics, l'interprète fidèle de ses vœux, le défenseur dévoué de ses intérêts, qui en avait fait, dis-je, son conseiller et son appui.

Si bien que depuis le jour où sa mort parut imminente je n'ai plus entendu de toutes parts que cette plainte : « Quel malheur ! quelle perte ! quel malheur pour les siens ! quelle perte pour tous ! »

Je laisse à d'autres le soin de dire ou d'écrire, car ces choses devront être dites et consignées dans les annales de notre histoire locale, comment M. Camille Rousseau, une fois investi de son mandat de confiance, soit dans la municipalité de Farges, soit dans la représentation de son canton près de l'assemblée départementale, se fit des suffrages premiers qui lui furent attribués comme une sorte de propriété intangible qu'aucune concurrence n'a pu ou plutôt n'osa même tenter d'entamer ; comment chaque époque électorale ouvrant partout ailleurs, autour de la région, un champ de lutte pénible, acharnée, n'était pour lui que l'occasion de recevoir l'expression pacifique et toujours croissante des sympathies, de l'attachement et de la reconnaissance de ses premiers électeurs.

Beaucoup, parmi ceux qui sollicitent les suffrages de leurs concitoyens, ne sont mus que par le désir instinctif de devenir quelque chose, de se mettre personnellement à l'abri de l'effacement auquel ils seraient condamnés, de se créer une influence, en un mot, de se valoir d'une prééminence qui flatte leur amour-propre.

M. Camille Rousseau était bien au-dessus de si mesquins sentiments et de si humble ambition.

Sa supériorité dont il pouvait avoir conscience, sans l'ombre d'une présomption déplacée, devait le mettre assez en relief pour qu'il ne lui fût pas nécessaire de prier les autres de lui faire un piédestal ; il était de taille à se suffire à lui-même..... Toute son ambition fut de mettre au service des autres, les qualités, les facultés, les aptitudes dont la Providence l'avait si amplement gratifié.

Non dominer, mais servir ! Se faire le premier pour être le plus utile ! Là, pour moi, comme pour tous ceux qui ont su lire en son cœur, est le secret de sa vie, est le mobile de son existence.

Il n'était qu'un tout jeune homme lorsqu'il reçut l'honneur du mairat de cette commune. Quelques années plus tard, il y a trente ans, il prenait place dans l'assemblée départementale. Chacun sait, et déjà nos feuilles locales ont défini la place qu'il sut s'y faire dès son entrée.

Ce double témoignage de confiance lui fut comme la révélation d'une vocation.

Rien ne lui coûta pour y répondre.

Pénétrer dans tous les dédales de nos lois administratives, en élucider les obscurités et les oppositions, connaître à fond les multiples branches de l'administration départementale, devinrent l'objet de ses incessantes études.

. Seconder les initiatives profitables au pays, donner lui-même l'exemple de l'application des meilleures méthodes, aller au-devant de tout ce qu'il envisageait comme source et moyen de progrès, et ce, au prix des plus larges et des plus généreux sacrifices, sacrifices d'argent, sacrifices de temps, sacrifices de personne, tel fut l'emploi de sa vie.

De là, les œuvres multiples dont il fut le soutien, le chef et même l'initiateur, œuvres dont l'énumération serait longue, qui toutes lui sont redevables d'une force puissante d'impulsion et de prospérité. D'autres, j'espère, me suppléeront pour mettre en relief cette face de sa vie.

Mais au-dessus de ces intérêts, il en est de plus graves et de plus élevés auxquels il devait plus encore consacrer les énergies de son âme chrétienne et les ressources de son cœur. Je parle des intérêts moraux et religieux.

Sitôt que se préparèrent dans nos assemblées législatives, ces lois néfastes, dont l'application devait porter une si funeste atteinte à nos libertés religieuses, M. Camille Rousseau fut des premiers à en ressentir les alarmes et à prêter son concours au Chef du diocèse, Mgr Marchal, de sainte et regrettée mémoire, pour en amortir les désastreux effets.

L'éminent prélat eut bientôt compris et apprécié l'aide que le Ciel lui offrait pour pourvoir aux mesures à prendre afin de conjurer le danger. Il en bénit Dieu et estima ne pouvoir se mieux acquitter des devoirs que les circonstances imposaient à sa sollicitude pastorale que remettre, aux mains de M. Camille Rousseau, le soin d'élaborer le règlement général de l'Œuvre des écoles chrétiennes du diocèse. Ce fut le 18 janvier 1883 que M. Rousseau, dans une de ces grandes assises de l'enseignement chrétien, organisées par le Prélat, donna lecture de son projet. Le discours qui lui servit d'introduction est une page qui mérite d'être lue et conservée. Vous y surprendriez et la puissance de foi qui faisait vibrer cette âme généreuse, et l'ardeur qui embrasait ce cœur pour le règne de Jésus-Christ au milieu de nous.

Le témoignage qui lui fut rendu par l'Archevêque, dans une lettre du 31 janvier, nous révèle, et la consolation apportée au cœur du Pasteur, et les espérances conçues par tous ceux que cette question, aussi sociale que religieuse, pouvait et devait intéresser. Je ne puis citer ces pages, car je serais entraîné trop loin et je m'abstiens de les commenter de peur de les amoindrir.

Bref, l'Œuvre était fondée ; M. Camille Rousseau était prié d'en accepter la présidence ayant pour principaux assesseurs : M. le sénateur Clément, du département de l'Indre, et Son Altesse le Prince d'Arenberg. Que dire de l'entrain avec lequel il s'acquitta de ses honorables mais si délicates .fonctions, de son zèle pour la fondation des écoles chrétiennes, de sa sollicitude pour leur fonctionnement, de ses précautions pour en assurer le maintien et la durée?

Nous l'avons vu plus que personne à l'œuvre, et hier je recevais de l'un de ses plus éminents collègues et de ses plus dévoués collaborateurs cette plainte qui est au cœur de tous : « Comment nous en passerons-nous? Qui le remplacera? Car il était vraiment l'âme qui nous faisait subsister encore. » Ce mot résume et dépasse tout ce que je saurais ajouter.

Voilà pour ce que j'appellerai sa vie extérieure et publique. Pour ce qui est de sa vie intime, je laisserai à ceux qui l'ont approché de plus près, à ceux qui y ont été associés et l'ont partagée, le soin de lui rendre hommage. Ce n'est pas, d'ailleurs, une louange que je lui adresse, mais un souvenir que je lui consacre. Or le siège du souvenir est dans les cœurs. Il me faudrait pour dire ce que fut M. Camille Rousseau, ouvrir vos âmes à tous et mettre à nu les sentiments et les regrets qui s'y pressent ; sentiments et regrets de celle qui fut à tous égards la si digne compagne de sa vie ; sentiments et regrets de ses enfants, de sa famille en pleurs, de ses amis, de ses obligés, de tous en un mot, qui, à des titres divers, diraient ce qu'ils ont puisé d'affection, de bonté, de dévouement dans ce cœur d'époux, de père, de parent et d'ami.

Or, toutes ces qualités étaient rehaussées et complétées par le sens chrétien d'une foi profonde et d'une religion éclairée, foi qui fut son soutien aux jours des épreuves, religion dont il a donné l'édifiant exemple.

Il n'était pas, en effet, de ces hommes qui renferment dans leur cœur de stériles convictions ; pour lui, toutes ses œuvres ne furent que le fruit et la manifestation de ses croyances.

De là, cette droiture et en même temps cette fermeté qui firent sa vie aussi irréprochable qu'universellement respectée.

Dès les premières atteintes du mal auquel il devait succomber, il ne se fit aucune illusion ni sur sa gravité, ni sur ses conséquences. C'est dans la foi qu'il puisa ce calme avec lequel il constatait les progrès journaliers d'un dépérissement qui le soustrayait peu à peu à tout ce qu'il aimait.

« Je me soumets, disait-il souvent, à la volonté divine », et jusque dans les étreintes de la mort, il conserva cette force qu'il avait témoignée durant ses dernières années pour porter la douleur d'un deuil que ni le temps, ni même les joies intermédiaires qui lui furent offertes n'adoucirent jamais ; car à son dernier jour il portait en son cœur la plaie aussi saignante que le jour où la blessure lui fut infligée par la perte du fils qu'il est allé rejoindre.

Il n'eut, aux approches de la mort, d'autre préoccupation que celle de mettre sa conscience en plus parfaite harmonie avec ce qu'il savait devoir lui être demandé par le Souverain Juge.

L'ordre parfait qui avait présidé à sa vie ne lui laissait rien à régler ni dans ses affaires de famille, ni dans la sauvegarde des intérêts qui lui avaient été confiés.

Aussi, Mes Frères, rien de plus admirable que le spectacle de la placidité avec laquelle il sollicita les suprêmes secours de la religion.

« Mon sacrifice est fait, disait-il encore ; que je suis content de ce que j'ai fait..... »

A partir de ce moment, vous l'eussiez vu, durant les derniers dix jours de lutte entre la vie et la mort, calme, maître de lui-même, uni à Dieu, savourant ses propres tristesses et ressentant toutes les douleurs de son entourage, pour les offrir à Dieu comme expiation pour lui-même, comme gages de bénédiction pour ceux qu'il quittait et qu'il aimait tant.

Ainsi a disparu cet homme de bien à qui nous conserverons un impérissable souvenir de respect et d'attachement[1]. Sa mémoire, pour me servir de l'expression de nos saints livres, demeurera à l'abri de toute atteinte et de toute suspicion. Son cœur, dès longtemps préparé à espérer en Dieu, est, à l'heure où je parle, pleinement affermi dans la possession du souverain bien. C'est la consolation que j'offre à tous ceux qui le pleurent.

DISCOURS

DE M. LE MARQUIS MELCHIOR DE VOGÜÉ

Messieurs,

Je viens dire un suprême adieu à l'homme distingué et sympathique que nous pleurons, au nom de ses amis, de ses collègues, de ses collaborateurs.

Cette triple qualité, je me crois autorisé à

---

1. *In memoria æterna erit justus ; ab auditione mala non timebit. Paratum cor ejus sperare in Domino, confirmatum est cor ejus, non commovebitur.*

l'invoquer, par trente années d'action commune, de collaboration amicale, au Conseil Général du Cher, à la Société d'agriculture, dans les luttes politiques, par trente années d'une amitié fondée sur la plus solide des bases, la communauté absolue de convictions, et, de ma part au moins, une estime sans réserve. Je suis surtout un témoin, et je viens, dominant l'émotion qui m'étreint, rendre publiquement témoignage à l'unité d'une vie entièrement consacrée au devoir, au travail, à la pratique des vertus privées et publiques.

Doué d'une vive intelligence, d'un esprit cultivé, de facultés solides et brillantes, Camille Rousseau pouvait aspirer aux rôles les plus variés. Il choisit le plus modeste en apparence, mais il sut le grandir et se grandir avec lui. Il se consacra aux affaires locales, donnant le salutaire exemple d'un grand propriétaire vivant sur ses domaines, utilement mêlé à toutes les manifestations de l'activité provinciale, aussi compétent et d'aussi bon conseil pour la gestion des modestes intérêts de ses voisins ou de la commune, que pour la défense des grands intérêts de son département.

La rectitude de son esprit, la générosité et l'élévation de son caractère, la courtoisie de sa polémique commandaient le respect et inspiraient la sympathie même à ses adversaires.

Nul n'était plus écouté dans notre assemblée départementale, quand dans un langage d'une parfaite mesure, animé par une conviction sincère, il défendait les causes auxquelles il avait voué sa vie, ou lorsqu'abordant les multiples questions de l'administration départementale il en exposait les détails avec une élégante clarté.

Nul certainement n'est intervenu plus utilement que lui dans l'étude des problèmes compliqués que soulève l'assistance publique : il apportait dans cette étude, avec la science pratique d'un économiste éclairé, la sollicitude du chrétien pour la souffrance humaine; mais où le chrétien se retrouvait tout entier, c'était dans la gestion des œuvres charitables auxquelles il savait donner une grande part de son temps et de son dévouement.

Quoique volontairement circonscrit dans la sphère limitée des intérêts locaux, Camille Rousseau n'était étranger à aucune des questions qui touchent aux intérêts généraux du pays; il les suivait avec une rare perspicacité, guidé par une inébranlable fermeté de principes, par une grande largeur d'esprit, jointes à un ardent patriotisme.

Catholique par éducation et par conviction personnelle, royaliste par fidélité aux traditions historiques de la France, libéral par goût et par raison, il avait la juste compréhension des résistances indispensables et des conciliations nécessaires.

De la même ardeur de conviction, de la même rectitude de jugement, de la même indépendance d'esprit qu'il mettait à défendre les libertés menacées, le droit méconnu, ou le bon sens outragé, il abordait l'étude des besoins nouveaux et des problèmes qui inquiètent notre société troublée.

Un des premiers, dans ce pays, il avait apprécié le rôle réservé aux institutions de mutualité et de prévoyance, et si jamais elles prennent, dans ce département, une extension bienfaisante, son nom devra être associé à leurs débuts et son souvenir attaché avec reconnaissance aux bienfaits qu'elles auront produits.

Cette vie si remplie a été traversée par les plus cruelles épreuves; souffrances physiques et morales, infirmités précoces et chagrins domestiques, Camille Rousseau a tout connu et tout supporté, soutenu par l'intelligente et tendre affection d'une compagne accomplie, puisant dans la fermeté de sa foi, la résignation et la force. Cette double assistance l'a accompagné jusqu'au dernier moment; il s'est éteint avec la quiétude du chrétien que n'effraie pas le redoutable mystère de la mort, avec la sérénité du travailleur qui s'endort après la tâche achevée.

Rousseau a accompli tout son devoir, il nous laisse le souvenir d'un homme de bien.

Il laisse aussi de profonds et sincères regrets. J'ai tâché d'exprimer ceux de ses collègues et amis, mais mieux que mes paroles insuffisantes l'affluence qui entoure ce cercueil, l'émotion de cette foule, ces larmes qui coulent et que l'on sent sincères disent qu'un lien de profonde affection s'est brisé, qu'un vide irréparable s'est creusé, que le département du Cher a perdu l'un des meilleurs d'entre ses fils, digne des sympathies et des regrets qui éclatent autour de son tombeau.

Laissez-moi relever, Messieurs, ce que le spectacle de ces hommages spontanés et de cette douleur profonde a de réconfortant. S'adressant à un homme qui n'a dû la notoriété ni à l'exercice du pouvoir, ni à la faveur des puissants, ni à la recherche de la popularité, ils ont une valeur toute particulière; c'est la revanche de l'honnêteté, du désintéressement, du dévouement.

Saluons-la, Messieurs, comme une consolation, un encouragement, une espérance !

DISCOURS

DE M. PIERRE DUBOIS DE LA SABLONIÈRE

M. Pierre Dubois de la Sablonière, conseiller d'arrondissement, au nom du canton de Baugy que M. Camille Rousseau représentait depuis 1871, a adressé un dernier adieu :

Je vous demande pardon d'être votre interprète au bord de cette fosse si prématurément ouverte, à vous tous, ses amis du canton de Baugy qui conduisez, avec de si amers regrets à sa dernière demeure, votre guide, votre conseil, votre appui.

Nous le perdons à 65 ans, quand de longues années de vie nous semblaient encore promises. A 27 ans, il était maire de Farges, à 37 ans, conseiller général du canton. Pendant toute son existence que de services rendus à nous tous !

Voilà désormais vide cette maison hospitalière d'Augy par où ont passé tant de gens venant chercher aide, bon avis, bienveillant patronage.

Comme on y entrait avec confiance ! On y sentait comme une atmosphère de bon accueil, et il semblait que l'assistance, le soutien, le réconfort qu'on venait y demander nous étaient comme d'avance assurés.

Que l'épouse dévouée qui le pleure aujourd'hui, avec nous, me le pardonne ; mais traduisant ce que nous avons tous au cœur, il faut que je dise combien sa haute distinction, sa bonté si intelligente et si active, sont inséparables dans notre reconnaissance au souvenir de son mari.

Quelle perte nous avons faite ! M. Rousseau était comme l'oracle de notre pays. Nous ne faisions rien sans ses conseils. Au moment difficile, au jour de malheur (qui donc y échappe !) la première pensée était de courir à Augy, comme au secours, chercher une protection, un conseil ou au moins conter sa peine.

Nous ne le verrons plus à nos réunions, à nos assemblées, à nos foires, ayant peine à fendre les rangs pressés d'amis, empressés à le saluer ou à serrer ses mains.

Et lui, affable à tous, empressé à tous, entraînant familièrement par le bras, celui qui réclamait une audience plus discrète, repris sans délai par un autre, il ne distribuait pas seulement d'amicales paroles, mais c'est à des actes, à des démarches personnelles, à des tentatives de rapprochement, entre parents ou voisins, à un travail astreignant et souvent bien ingrat que M. Rousseau s'engageait sans compter dans ces entretiens.

Avec un désintéressement qui, dans chaque

solliciteur, voyait un ami, il faisait aussi plus souvent qu'il n'avait promis.

Aussi, tous, dans tous les rangs sociaux, conseillés, aidés, placés, réconciliés par ses soins, nous faisions autour de lui la garde de la reconnaissance, et nous formions un faisceau de dévouement, d'affection, d'attachement tel qu'au jour où nous pouvions inscrire notre gratitude sur un bulletin de vote jamais on n'eût osé essayer sérieusement de nous entamer.

Nous ne trouverons personne plus disposé à être utile et plus capable, en effet, de l'être.

Merveilleusement renseigné et instruit sur toutes les questions pouvant nous intéresser, droit, fiscalité, administration, recrutement, demandes d'emplois, assurance, agriculture, affaires privées ou publiques, il pouvait sur l'heure donner une réponse sage, utile, pratique, à toute interrogation.

Il avait par lui-même et par ses alliances les plus brillantes relations dans les sphères sociales, les plus distinguées, des amis dans tous les milieux ; partout il rencontrait estime et considération.

C'était le patrimoine de ses concitoyens ; pour nous, ses hautes amitiés devenaient profitables et assuraient, quand cela était possible, le succès de son intervention.

En votre nom, mes chers concitoyens, et d'un cœur bien triste et bien ému, je dis adieu à M. Rousseau qui repose aujourd'hui dans le sein de Dieu. Nous garderons longtemps sa mémoire. Il s'est dévoué pour nous, il nous a aimés, mais nous le lui rendrons bien et nous ne l'oublierons pas.

Le Messager du Cher, 25 juillet.

LETTRE DE M. LE COMTE DE BOURBON-LIGNIÈRES

Le *Messager* a rendu un premier hommage à la mémoire de M. Camille Rousseau. Je désire, à mon tour, venir exprimer les sentiments que m'inspirait cet homme de bien qui fut, pendant près de vingt ans, mon ami et mon collaborateur dévoué.

C'est en 1880 que j'ai fait la connaissance de M. Camille Rousseau, à l'occasion d'une conférence faite à Lignières au sujet du décret d'expulsion contre les Religieux, dont en qualité de vice-président du Conseil Général, il avait bien voulu accepter la présidence sur ma demande.

Depuis lors, jusqu'au jour de sa mort, il n'a cessé de me prêter, pour les nobles causes que nous avons défendues en commun, le concours de son intelligent dévouement. Dans les fréquents rapports que nous avons eus ensemble, j'ai pu constater les précieuses qualités qui le distinguaient et me le rendront à jamais regrettable.

Cette fermeté de principes que rien ne faisait fléchir, cette noblesse de caractère et cette élévation d'esprit qui s'imposaient au respect de tous, avec cette aménité dans les manières, et ce caractère conciliant le faisaient accepter de ceux-mêmes qui ne partageaient pas ses idées. Soit dans le Comité royaliste, soit dans la direction du *Messager du Cher*, j'ai toujours trouvé en lui un auxiliaire fidèle et un conseiller d'un esprit net et précis qui m'a aidé dans les circonstances les plus délicates et les plus difficiles.

Adorons le secret dessein de la Providence qui nous prive de tels hommes au moment où ils nous seraient le plus utiles. Puisse-t-elle nous donner le courage nécessaire pour résister aux difficultés qui, de jour en jour, s'accumulent autour de nous.

Prions aussi le Dieu de paix et de miséricorde de vouloir bien accorder, le plus tôt possible, à l'ami que nous avons perdu, la fin de l'expiation qu'il peut encore devoir pour les derniers vestiges de la fragilité humaine et l'entrée dans le divin séjour où s'effacent les traces de nos divisions et de nos passions humaines, mais où demeurent toujours, je l'espère, le souvenir des amitiés honnêtes et des luttes généreuses qui feront de lui le patron et l'intercesseur écouté en faveur de ceux auxquels il accordait son affection et dont il a partagé les efforts.

Comte de BOURBON-LIGNIÈRES.

Semaine religieuse, 5 août.

M. CAMILLE ROUSSEAU

Le samedi 22 juillet, avaient lieu dans la paroisse de Farges, les obsèques de M. Camille Rousseau, Conseiller général du département du Cher, ancien président du Comité des Écoles libres du diocèse de Bourges. Prêtres et fidèles, nous portons sur cette tombe nos prières et l'hommage du Berry à la mémoire d'un homme de bien, haute intelligence, caractère droit, sincère, cœur dévoué aux œuvres chrétiennes, particulièrement à l'Œuvre de l'enseignement libre. On sait avec quelle compétence et quelle énergie supérieure M. Rousseau s'acquitta de sa mission au Comité des Écoles. On a dit aussi comment sa vie fut toute d'honneur, de dévouement et d'esprit chrétien. Qu'il reçoive maintenant l'éternelle récompense du bien qu'il a fait aux plus petits dans l'Église de Notre Seigneur Jésus-Christ.

CONSEIL GÉNÉRAL DU CHER

Séance du 21 août 1899.

DISCOURS DE M. DAUMY, PRÉSIDENT

Messieurs,

En prenant place à ce fauteuil, j'ai un premier et bien douloureux devoir à remplir. Depuis notre dernière session, la mort impitoyable nous a enlevé l'un de nos collègues, l'honorable M. Rousseau.

Au Conseil Général, M. Rousseau a eu la très enviable bonne fortune de s'attirer l'estime et la sympathie de ceux-là même qui ne partageaient pas sa foi politique et le considéraient, dans certaines circonstances, dans certaines discussions de principes, comme le plus redoutable de leurs adversaires. Cela ne les empêchait pas d'être unanimes pour rendre hommage à sa parfaite courtoisie, à la droiture de son caractère, à son talent et à son entier dévouement au bien public.

M. Rousseau avait une connaissance parfaite de tous les services départementaux; aussi sa parole était-elle toujours écoutée dans cette Assemblée avec la plus grande déférence, où souvent même elle faisait autorité. Il traitait toutes les questions soumises à son examen avec une rare compétence, et il en est une surtout qu'il traitait supérieurement : ses rapports sur l'assistance publique et sur nos établissements hospitaliers seront encore longtemps consultés au Conseil Général du Cher, où ils resteront comme un parfait modèle du genre. Chacun de nous se sentait ému en entendant la lecture de ces pages aussi remarquables par la forme que par le fond. On sentait chez leur auteur battre un cœur plein de bonté et les vibrations de l'âme généreuse d'un philanthrope éclairé et, j'ose le dire, Messieurs, de l'âme d'un vrai démocrate.

C'est le plus bel éloge que je puisse faire de notre regretté collègue, dont tous ici nous garderons le plus précieux comme le plus durable souvenir.

Puissent nos regrets, unis à tant d'autres, adoucir un tant soit peu la douleur et la profonde affliction de sa famille éplorée, à laquelle j'adresse, au nom du Conseil Général, l'expression de nos sentiments de respectueuse sympathie, ainsi que nos plus vives, nos plus sincères condoléances.

UNIONS

DE LA

PAIX SOCIALE

Fondées par F. LE PLAY en 1872

—

SECRÉTARIAT DES UNIONS

ET

BUREAUX DE LA RÉFORME SOCIALE

Rue de Seine, 54

PARIS

—

Paris, le 15 août 1899.

Madame,

Veuillez agréer tout d'abord le respectueux hommage de ma profonde sympathie dans le grand malheur qui vous frappe.

J'aurais voulu, dès que j'ai appris par les journaux la fatale nouvelle, pouvoir exprimer à la famille en pleurs la part que je prends de loin à ses angoisses. Mais n'ayant eu l'honneur d'approcher que celui qui n'est plus, je ne savais à qui écrire.

Je vous prie de croire, Madame, aux longs et reconnaissants souvenirs que les *Unions de la paix sociale* garderont à la mémoire de M. Camille Rousseau qui a été leur promoteur, leur guide, leur président, quand elles ont tenu des réunions à Bourges. Il nous a dirigés avec sa grande expérience, sa prudence si sage et son aménité toujours affable. Plusieurs fois nous avons été assez heureux pour l'avoir à Paris à nos congrès annuels, et nous espérions bientôt l'y voir revenir encore.

La Réforme sociale salue sa mémoire en quelques lignes dans le numéro qui paraît aujourd'hui ; c'est un faible hommage, mais il est rendu de tout cœur.

Veuillez, Madame, recevoir l'hommage de mon respect profond.

A. DELAIRE,
Secrétaire général.

Bulletin des Unions de la Paix, La Réforme Sociale, N° du 15 août.

M. Camille Rousseau, conseiller général du Cher, était depuis longtemps, pour le Berry, le correspondant des *Unions de la Paix sociale*. Lorsque celles-ci ont tenu leur réunion générale à Bourges en 1887, il les a présidées avec l'autorité du talent et du caractère, dirigeant les discussions avec l'esprit fin et l'affabilité gracieuse qui rendaient son commerce si attrayant.

Ceux qui ont entendu là sa chaude parole se rappellent, avec quelle élévation sereine et quelles appréhensions trop justifiées, il encourageait l'œuvre de paix des disciples de Le Play en face des progrès de la décomposition sociale. « Étrangers, disait-il, aux passions, aux luttes qui divisent les partis, vous ne pouvez avoir pour adversaires que les hommes acquis par avance à des systèmes préconçus, et les esprits insouciants que rien ne trouble ni n'émeut, pas même le sort et l'avenir de leur pays. Vous demandez à la science, à l'observation, des solutions que la politique n'a pas su nous donner ». Et il ajoutait : « Notre génération a vu des choses merveilleuses. Aucune époque n'avait vu s'accomplir tant de progrès dans l'ordre matériel, dans le champ des découvertes et des inventions ; mais dans l'ordre moral, dans l'ordre social, dans l'ordre politique, elle a traversé de rudes épreuves. Il faut de vigoureux efforts pour replacer sur ses bases une société aussi ébranlée ; l'avenir appartient aux rudes labeurs qui ne se lassent point. » Combien, hélas, les événements ont cruellement vérifié ces prévisions alarmées et rendu plus nécessaires que jamais les efforts « qui ne lassent point ».

Nous avons revu encore notre éminent confrère en 1889 à notre Congrès annuel à Paris, où il présidait la réunion des correspondants régionaux et des délégués de nos diverses Unions.

Dévoué aux intérêts agricoles pour lesquels il se dépensait sans mesurer ses forces, il a pris une part considérable au Congrès du Crédit populaire qui s'est tenu à Bourges en 1891, et où à l'ouverture des séances, avec clarté et précision, il a posé la question du crédit rural sur son véritable terrain et dans ses justes limites.

Il se donnait plus généreusement encore aux œuvres de bien dans les dernières années de sa vie, alors que la douleur et le deuil avaient assombri son foyer, sans éteindre son dévouement. Sa vie reste un exemple, car il fut vraiment une « autorité sociale », faisant régner la paix autour de lui et inspirant à tous l'estime et le respect. Aussi son souvenir nous restera cher, et nous honorerons sa mémoire de longs et pieux regrets.

A. DELAIRE.

Les Brassins, par Aubigny, 6 août 1899.

Madame,

J'ai l'honneur de vous adresser un extrait du procès-verbal de la réunion du Bureau du Syndicat des Agriculteurs du Cher, tenue au siège social, le 5 août dernier, sous la présidence de M. Paszkiewicz, vice-président syndic, et à laquelle assistaient : MM. vicomte de Saint-Sauveur, Duvergier de Hauranne, Mignan, de Lignac, colonel de Bonneval, colonel Bourcard, comte de Vogüé, Grenouillet, F. Pascaud.

M. le Président prend la parole en ces termes : « Permettez-moi, Messieurs, au début de cette séance, de vous dire toute la tristesse, que j'éprouve, d'avoir à la présider. Cette tristesse, vous la partagez certainement et vous déplorez avec moi la perte que vient de faire notre association en la personne de son regretté Président. C'est un devoir pour moi de rendre un juste hommage à la mémoire d'un homme dont la vie s'est passée à faire le bien et qui, par ses soins constants et sa sollicitude éclairée, a tant contribué au succès de l'œuvre qu'il nous laisse en pleine prospérité. »

Le Bureau voulant que son premier acte soit un hommage rendu à la mémoire de son très regretté Président, s'associe en entier aux paroles prononcées par M. Paszkiewicz et décide qu'un extrait du procès-verbal sera adressé à Madame Rousseau.

Je suis heureux, Madame, d'être l'interprète du Bureau en ces tristes circonstances. Appelé par mes fonctions auprès de M. Rousseau à être en relations suivies avec lui, je garde en moi le souvenir profond de son accueil si sympathique, de ses éminentes qualités et des services inappré·ciables qu'il a rendus aux associations dont il dirigeait les travaux.

Veuillez agréer, Madame, l'expression de mes sentiments très respectueux.

F. PASCAUD,
Secrétaire.

6

DISCOURS

DE M. E. DUVERGIER DE HAURANNE

Au Syndicat des Agriculteurs du Cher

———

Bulletin du Syndicat, 5 août 1899.

Le Syndicat des Agriculteurs du Cher vient de faire une grande perte, — une perte irréparable. Son président, son fondateur, M. Camille Rousseau, a succombé le 19 juillet, à une cruelle maladie, qu'il avait longtemps dominée, par un miracle d'énergie et de résignation. Il était l'âme de toutes nos œuvres ; il était le centre d'où partait la lumière qui en éclairait tous les aspects, d'où rayonnait la chaleur qui réchauffait notre zèle... D'autres diront, d'autres ont déjà dit, avec une grande éloquence, ce que fut l'administrateur de la commune de Farges, le conseiller général du canton de Baugy, l'homme politique, le chrétien [1]. C'est une autre partie de cette vie si bien remplie qu'il convient de retracer ; c'est à l'agriculteur, au promoteur de tous les progrès agricoles et sociaux, qu'il faut rendre un dernier hommage.

1. *Messager du Cher* des 23 et 25 juillet 1899.

M. Camille Rousseau, né en 1834, élevé par une mère qui avait concentré toutes ses affections en lui, préparé par de fortes études, pouvait aspirer aux fonctions les plus élevées. « Il choisit le rôle le plus modeste en apparence, mais il sut le grandir et se grandir avec lui [1]. » La terre patrimoniale d'Augy, de grande étendue, mais de médiocre renom, était abandonnée à un fermier général, aidé de métayers, qui ne l'avaient pas enrichie, et qui ne s'étaient pas davantage enrichis eux-mêmes. M. Rousseau s'y était établi peu après son mariage. Admis le 10 novembre 1865, au nombre des membres de la Société d'agriculture du Cher, véritable académie fermée, à cette époque, il était trop soucieux du progrès pour pouvoir transiger longtemps avec la routine. Peu de temps après la guerre, et au moment même où la formation du camp d'Avord lui enlevait une partie importante de son domaine, il se décidait à prendre lui-même la direction de ses cultures, et à accomplir, soit par des domestiques placés sous ses ordres directs, soit avec le concours de métayers dociles, une transformation complète. Les cheptels sont améliorés, tantôt par une sélection sévère et tantôt par l'infusion d'un sang nouveau. Les terres maigres sont profondément

1 Discours de M. le marquis de Vogüé, sur la tombe de M. Rousseau.

défoncées, copieusement amendées ; les prés humides sont nivelés, assainis, surélevés. Les boues du camp d'Avord font merveille ; si bien qu'au bout de quelques années, la terre d'Augy, presque diminuée de moitié, était d'un meilleur rapport que lorsqu'elle était intacte. Et cette œuvre capitale, M. Rousseau l'a accomplie seul ; — ce n'est pas seulement sous son impulsion, c'est sous sa surveillance personnelle que s'exécutaient tous les travaux ; il pouvait dire, jour par jour, heure par heure, où ses domestiques en étaient de ses moissons, où ses attelages en étaient de ses labours. Il avait beau se prodiguer dans les luttes politiques, dans l'accomplissement de tous ses devoirs administratifs ou charitables : rien ne pouvait le détourner de la direction de son exploitation. Ne savait-il pas que rien ne vaut l'œil et le pas du maître ? *Optima stercoratio gressus domini.*

Le 3 décembre 1881, la Société d'Agriculture du Cher, à laquelle il avait déjà rendu tant de services, au titre de secrétaire, l'honorait et s'honorait elle-même, en l'appelant à la vice-présidence. Dans ces nouvelles fonctions, il était bientôt, comme partout, l'homme indispensable, suppléant ses collègues du bureau trop souvent absents, stimulant les tièdes, apaisant les conflits, alimentant les ordres du jour, l'esprit toujours en éveil, la bonne volonté toujours active. C'est grâce à lui que la Société d'Agriculture du Cher a, dans ces dernières années, publié ou provoqué tant de travaux importants. Comme tous les esprits profonds, comme tous les cœurs généreux, M. Rousseau voyait surtout, dans le progrès agricole, un moyen d'améliorer la condition de ceux qui fécondent la terre. De l'attachement au sol natal, il s'élevait sans effort au souci des intérêts généraux qui résument et concentrent tous les intérêts particuliers.

Respectueux du passé, mais profondément libéral, animé du patriotisme le plus large, le plus éclairé, il envisageait, avec trouble, mais sans découragement, les grands problèmes qui sont à la fois l'honneur et la torture de notre fin de siècle.

En 1887, il présidait à Bourges, la réunion des *Unions de la paix sociale*. En 1890, c'était chez lui que se réunissait le Comité d'initiative du 3e congrès des Banques populaires françaises, auquel Mgr Marchal, Archevêque de Bourges, voulut bien, en avril 1891, donner une hospitalité généreuse au palais archiépiscopal. Dès la première séance, M. Rousseau y traite deux questions capitales : l'application du *homestead américain*, préservant de la saisie le foyer domestique et la petite propriété agricole ; et l'organisation du Crédit agricole. Il insiste sur le danger « des institutions créées de toutes pièces par l'État », et qui restent « lettres mortes, si elles ne tombent pas entre des mains viriles... » C'est, suivant lui, « dans l'association seule que l'agriculture trouvera tous les secours dont elle a besoin, sans compromettre aucun des intérêts en présence ; sécurité de placement par le discernement des facultés de l'emprunteur, taux modéré, conditions indispensables pour assurer la conservation de la petite propriété ».

Paroles remarquables d'un précurseur ! Le projet de loi de M. Méline sur le crédit agricole et celui de M. Siegfried sur la formation et la conservation de la petite propriété rurale sont en germe dans ce rapport.

M. Rousseau avait déjà, depuis plusieurs années, appliqué ces idées en fondant le Syndicat des Agriculteurs du Cher. Avant même que la loi du 21 mars 1884 sur les syndicats professionnels fût bien connue et comprise, la Société d'Agriculture du Cher ébauchait, dès 1884, sur la proposition de notre honorable collègue, M. Péneau, un premier groupement, en vue de l'achat des matières premières utiles à l'agriculture et de la répression des falsifications. Ce n'était encore qu'une sorte d'agence.

Même renfermée dans ces étroites limites, cette

agence pouvait rendre de réels services ; mais elle n'avait qu'une existence précaire et peu légale. C'est M. Rousseau qui préside la séance du 5 février 1887, où les statuts nouveaux, conformes à la loi de 1884, sont approuvés par la Société d'Agriculture ; c'est sous sa présidence que les fondateurs, réunis le 20 mai suivant, constituent définitivement le Syndicat. Notre regretté Président multiplie ses circulaires, ses lettres personnelles, ses appels au dévouement de ses collègues, ses conférences. Dix-huit mois se passent, et le rapport du 26 janvier 1889 constate que le nombre des syndiqués est déjà de 901, et qu'il a été fait, en 1888, pour 162,000 francs d'affaires : brillante expansion d'une idée juste appliquée par une intelligence supérieure !

Son autorité grandit ; sa réputation s'étend. *L'Union centrale,* d'abord, *l'Union du Centre* des syndicats agricoles ensuite, l'appellent au sein de leurs chambres syndicales. Si sa santé, déjà précaire, ne l'eût retenu trop souvent à Bourges, quelle part brillante n'eût-il pas prise aux discussions des assemblées générales d'Orléans et de Paris !

Mais c'est à notre syndicat qu'il se consacre presque tout entier : les avantages matériels que le Syndicat procure aux agriculteurs du Cher ne sont rien pour lui, s'ils ne préparent pas d'autres progrès, ceux-ci d'un tout autre ordre. L'action du syndicat agricole doit s'étendre aux besoins moraux des agriculteurs : à l'apaisement des conflits par l'arbitrage ; à la sécurité du foyer par le crédit agricole ; au soulagement de la famille, en cas de maladie, par la Société de Secours mutuels ; au repos des dernières années par la Caisse des Retraites ; à la prévoyance enfin sous toutes les autres formes, par l'assurance, à bon marché, contre les accidents du travail, contre la mortalité des bestiaux, etc. Toutes ces questions reviennent sans cesse dans nos ordres du jour. Que de fois nous l'avons entendu plaider, avec une éloquence d'apôtre, la cause de ces projets qui lui étaient si chers ! S'il se félicitait de voir grossir notre réserve, ce n'était pas afin d'y trouver un oreiller pour le sommeil, mais afin de s'en servir comme d'un levier ! Il aura eu, du moins, avant de nous être enlevé, la consolation de fonder, grâce au concours d'un de nos plus jeunes et plus distingués collègues, la Caisse de Secours mutuels et de retraites ; elle vit, elle prospère, et nous pourrons bientôt la transformer en *Union* dès que la loi du 1er avril 1898 sera complétée par le décret réglementaire.

Celui qui écrit ces lignes, associé à ses travaux, à ses pensées, depuis près de trente ans, ne peut se rappeler, sans une émotion profonde, tout ce qu'il doit à cette précieuse collaboration.

Dans ces longs entretiens, où Rousseau se dévoilait tout entier, si généreux, si désintéressé, recherchant uniquement le vrai, le beau et le bien, pas une parole d'amertume ou de découragement. Avec la netteté de vue, la décision d'esprit, par lesquelles s'imposait son autorité, c'était encore, en dépit de deuils bien douloureux et de cruelles souffrances, une aménité, une sérénité incomparables.

Son œuvre ne périra pas. Ce serait insulter à sa mémoire que de ralentir nos efforts. Semeur infatigable, M. Rousseau n'aura pas vu mûrir toutes ses moissons, mais elles n'ont pas seulement germé ; déjà elles couvrent le sol d'une végétation vigoureuse contre laquelle aucun accident ne pourra désormais prévaloir. Le meilleur moyen d'honorer la mémoire d'un tel homme, c'est de s'inspirer de ses exemples. L'esprit de M. Rousseau, si prématurément enlevé à notre affection, restera parmi nous.

E. DUVERGIER DE HAURANNE.

SYNDICAT DES AGRICULTEURS DU CHER

Cinquième Réunion du Groupe comicial de Sancerre

12 août 1899

Extrait du procès-verbal.

PRÉSIDENCE DE M. DUVERGIER DE HAURANNE

M. le Président n'a pas à apprendre, aux assistants, la perte irréparable que vient d'éprouver le Syndicat, en la personne de son Président. Le nom et l'éloge de M. Camille Rousseau sont, depuis le 19 juillet, sur toutes les lèvres. Il a honoré toutes les fonctions qui lui ont été conférées, et en particulier celle de Président du Syndicat des Agriculteurs du Cher.

Il l'avait fondé en 1887 ; il l'a élevé à un haut degré de prospérité. Plein de zèle, de dévouement et d'initative, il avait déjà greffé sur ce tronc vigoureux, grâce à lui, une caisse de secours mutuels et de retraites, une commission d'arbitrage, une caisse syndicale d'assurance mutuelle contre les accidents agricoles. Il aurait complété cette floraison d'œuvres syndicales et sociales, si une cruelle maladie lui en avait laissé le temps.... Le souvenir de M. Camille Rousseau vivra longtemps, parmi les membres reconnaissants du Syndicat des Agriculteurs du Cher.

L'assemblée tout entière s'associe aux paroles de M. le Président et le charge de transmettre à la famille de M. Rousseau l'expression de sa douloureuse sympathie.

Plus rien n'était à l'ordre du jour. M. le Président déclare la séance levée à 4 h. 1/2.

Le Secrétaire,   *Le Président,*
CHAMAILLARD.   E. DUVERGIER DE HAURANNE.

Pour copie conforme :

Le Président,
E. DUVERGIER DE HAURANNE.

COMICE AGRICOLE DE BOURGES

10 SEPTEMBRE, A BAUGY

Messager, 12 septembre.

DISCOURS DE M. LE PRINCE D'ARENBERG

Messieurs,

. . . .

. . . .

Ce rapide coup d'œil, jeté sur le passé et sur l'avenir, ne peut détourner mes yeux pendant un instant d'une place vide que j'aperçois auprès de moi et où nous cherchons en vain l'homme éminent que vous aviez désigné pour être le vice-président du Comice dans le canton de Baugy et qui nous a été ravi il y a quelques mois. Partout où M. Rousseau a passé, il a laissé une trace profonde, et le département tout entier s'est associé au grand deuil et à la perte irréparable causés par la mort de notre cher et regretté collègue. Mais s'il est un endroit où il était aimé et vénéré plus qu'ailleurs, c'est dans ce canton de Baugy, auquel il avait spécialement consacré sa haute valeur et sa profonde affection.

Depuis plus de trente ans, il n'a pas cessé d'être un seul jour à la disposition des habitants de Baugy, et il n'est pas un seul service qu'il ait pu leur rendre et qu'il ne leur ait pas rendu. Que de fois j'ai été témoin de ces consultations, qui se renouvelaient sans cesse ! Dès qu'il y avait un embarras ou une difficulté on prenait le chemin d'Augy. Personne n'avait de doute sur l'accueil qui lui était réservé. Je vois d'ici votre conseiller général écoutant avec la plus grande attention l'exposé des affaires qui lui étaient soumises ; les réponses ne se faisaient guère attendre; et elles étaient dictées par un esprit si clair, si vif et si juste, qu'une erreur n'était pas à redouter et que l'on ne se repentait jamais d'avoir suivi la voie qui était indiquée. Et c'étaient cette inaltérable bonté et cette clarté de jugement qui faisaient que

la série des visiteurs se renouvelait constamment
et que sa maison ne désemplissait pas, comme
celle d'un habile médecin ou celle d'un illustre
avocat. Aussi, que de blessures morales il a gué-
ries ! que de plaies il a pansées en montrant le
meilleur procédé pour sortir d'une difficulté et en
redonnant par sa bonne et douce parole un peu de
force d'âme et un peu d'espoir à ceux qui étaient
venus vers lui découragés et désespérés. Personne
n'a été plus fidèle que lui dans ses amitiés et dans
ses affections, et il faisait bénéficier ses amis
d'une indulgence que la fermeté des principes ne
parvenait pas à modifier.

Il y avait chez lui un équilibre parfait entre
l'esprit et le cœur, et si l'intelligence était vaste,
cultivée et remarquable, le cœur était largement
ouvert, sensible et préparé à tous les dévouements
et à tous les sacrifices. Peu d'hommes auront passé
sur la terre en faisant autant de bien que Camille
Rousseau, parce qu'il n'a jamais compté ni avec
ses peines ni avec son action directe et personnelle, et parce qu'il s'est donné tout entier à ceux
qu'il aimait et qu'il voulait servir. La pensée de
recueillir quelque honneur ou quelque dignité, en
échange de son dévouement, n'a pas traversé son
esprit. Il était au-dessus des satisfactions où la
vanité prend la plus large part et il était trop
intelligent pour être vaniteux.

Aux satisfactions de son amour-propre il préférait les satisfactions qu'il procurait aux autres et c'est ainsi qu'il n'est pas une question sociale, financière ou agricole intéressant notre département qui n'ait pas été traitée par lui avec une distinction et une hauteur de vue que l'on ne peut pas oublier. Le Comice de Bourges, la Société d'Agriculture du Cher et le Syndicat des Agriculteurs conserveront la mémoire de celui qui a été l'un des principaux agents de leur prospérité et de leurs succès. Notre association reçoit l'un des coups les plus cruels et des plus funestes en perdant son vice-président pour le canton de Baugy. Vous tous qui êtes autour de moi vous partagez, j'en suis certain, ma douleur et mes regrets. Il n'en est peut-être pas un seul parmi vous quelle que soit son opinion ou quelle que soit sa manière de voir, qui ne ressente la tristesse dont cette journée ordinairement si gaie et si joyeuse est toute remplie. Et si le mouvement et la vie des choses de la terre ne s'arrêtent jamais, même lorsque dans les rangs de l'avant-garde succombe l'un des chefs les plus autorisés et les plus écoutés, vous me pardonnerez de ne vous avoir entretenus aujourd'hui que de celui dont le souvenir ne peut pas me quitter et d'avoir laissé de côté les succès de votre concours et les réflexions suggérées par les progrès dont nous constatons avec tant de plaisir la réalisation.

SOCIÉTÉ D'AGRICULTURE

DU DÉPARTEMENT DU CHER

Séance du 11 novembre 1899

DISCOURS DE M. LE MARQUIS DE VOGUÉ

Messieurs et chers Collègues,

Ayant à passer en revue avec vous, selon les traditions de notre Société, les travaux qui l'ont occupée pendant l'année agricole écoulée, le premier nom que je rencontre est celui de l'éminent collègue que nous avons perdu. Il est impossible, en effet, de pénétrer dans le détail de la vie de notre Société sans y trouver la trace de l'action permanente exercée par Camille Rousseau, sans rencontrer à chaque pas son intervention constante, utile et dévouée, sans constater à la fois et l'importance de la place qu'il tenait, et l'étendue du vide qu'il laisse au milieu de nous. Aussi ne saurais-je aborder l'étude que je vous dois, sans vous parler de lui, et vous m'approuverez, j'en suis certain, de m'arrêter un instant à vous entretenir de sa personne, à exprimer la reconnaissance que vous lui avez vouée et les profonds regrets que vous cause sa mort.

Hommage a déjà été rendu à la mémoire de Camille Rousseau ; des voix amies, des plumes autorisées ont signalé les qualités de l'homme privé et de l'homme public, rappelé les nombreux services qu'il a rendus dans les voies multiples où se plaisait son activité. Ses adversaires politiques eux-mêmes se sont joints à ce concert d'éloges et de regrets, et le témoignage d'estime et de respect loyalement apporté en leur nom au Conseil Général du Cher, par le Président de cette Assemblée, n'est pas celui qui a le moins honoré sa mémoire et touché ses amis. Moi-même j'ai déjà eu l'occasion d'exprimer publiquement mes sentiments et de dire tout haut les titres de Camille Rousseau à la reconnaissance de ses collègues et de ses compatriotes. Je ne reviendrai pas ici sur le portrait que j'ai essayé d'en tracer. Mais, dans cette enceinte, réservée à l'étude des questions agricoles, je puis et je dois, même au prix de quelques redites que vous excuserez, rappeler quelle fut, en agriculture, son œuvre personnelle, quelle fut sa part dans l'œuvre collective accomplie par la Société d'Agriculture du Cher.

La première éducation de Camille Rousseau ne l'avait pas spécialement préparé à la pratique agricole. Privé jeune de l'affection de son père, il fut élevé par sa mère, femme de grand cœur et de grande intelligence, qui s'appliqua surtout à

lui donner une bonne culture intellectuelle et une
forte discipline morale ; mais tout en faisant à
Bourges de bonnes études classiques et à Paris
de solides études de droit, il ne perdait pas le con-
tact des choses rurales. Le séjour dans une propriété étendue, le commerce des populations agricoles lui avaient donné de bonne heure le goût de
la terre et la préoccupation des intérêts locaux ;
initié jeune aux détails de l'administration rurale,
il s'y attacha : peu à peu se forma dans son esprit
la notion claire des devoirs afférents à la grande
propriété : il acquit une conception particulière du
rôle utile qui lui est réservé dans l'évolution économique qui s'accomplit de nos jours ; c'est ainsi
que pouvant aspirer à toutes les carrières, il se
consacra à celle qui le retenait sur son patrimoine
et faisait de ce patrimoine le centre de sa vie
active.

Marié à 27 ans, conduit à associer le soin des
affaires publiques à celui des affaires privées,
apportant à cette double occupation ses habitudes
de travail, son savoir, sa générosité de cœur et sa
bonté naturelle, il commença à nouer les relations
et à créer les liens, qui, progressivement dévelop-
pés et resserrés par une croissante activité, ont
fait de lui l'homme de son canton, le conseil, le
protecteur, l'ami de ses habitants, le représentant
naturel de ses intérêts : il entra ainsi au Conseil

Général du département en 1871 et y siégea jusqu'à sa mort : la réputation qu'il y acquit lui eût
valu d'autres mandats si la fermeté de ses convictions politiques et religieuses ne l'eût détourné des
voies qui conduisent aujourd'hui à la popularité
et au pouvoir.

Il appartenait à la Société d'Agriculture du
Cher depuis le 10 novembre 1865 : c'était alors
une Compagnie fermée, selon la tradition acadé-
mique des sociétés d'autrefois. Les admissions
étaient rares et difficiles, les compétitions étaient
vives, le stage souvent prolongé. Camille Rousseau ne connut pas ces obstacles ; il avait à peine
trente ans quand il fut élu, et, dès son entrée, il
justifia la sympathie précoce qui lui avait ouvert
les portes. Il se plaça au premier rang des membres assidus et actifs ; on remarquait son apti-
tude à saisir les questions, à s'en assimiler rapidement les données essentielles, sa facilité de
travail, son zèle infatigable. La Société contenait
l'élite des agriculteurs et des éleveurs du département : dans ce milieu choisi, Rousseau sentit
se confirmer et s'accroître son goût pour l'agriculture ; il se décida à en aborder lui-même la
pratique.

C'était en 1871, dans ces jours d'activité où le
pays, stimulé par la rude leçon du malheur, résolu
et recueilli, cherchait dans un travail opiniâtre le

remède à ses maux ; époque de fièvre laborieuse et de généreuses illusions. Rousseau se mêla à ce mouvement, sur le terrain spécial qu'il s'était réservé : il entreprit l'amélioration de son domaine patrimonial : ce domaine, situé dans une région peu fertile, mal cultivé par des fermiers malaisés, était de grande étendue et de revenu médiocre. Il se mit résolument à l'œuvre : la création du camp d'Avord avait diminué le domaine de moitié, mais avait mis à la disposition du propriétaire des ressources spéciales, qu'il sut concentrer plus utilement sur un espace moins étendu. Je ne saurais entrer dans le détail des améliorations poursuivies pendant quinze années d'un labeur persévérant et absolument personnel, avec le concours de domestiques dociles à la voix du maître et de métayers confiants dans son intelligente direction : à la fin de cette période, la transformation du domaine était complète : la luzerne, les betteraves étaient acclimatées dans un sol profondément remué et amendé : des récoltes abondantes remplaçaient les maigres produits d'antan ; des pacages humides et malsains avaient fait place à des prairies qui nourrissaient des troupeaux régénérés, et, résultat caractéristique, les revenus du domaine avaient suivi la marche progressive des améliorations culturales.

Camille Rousseau pouvait considérer sa tâche

agricole comme accomplie et reporter sur d'autres objets une part du travail personnel qui n'était plus indispensable à la bonne exploitation de ses terres ; obligé d'ailleurs de compter avec une santé chancelante, il renonça au faire valoir direct et lui substitua le métayage dont il conserva la haute direction. Sous cette administration modi- fiée, la terre ne déclina pas ; elle continua à assu- rer, par ses produits, le bien-être du propriétaire tout en assurant celui des laboureurs associés à son œuvre.

Œuvre considérable, Messieurs, et qui aurait suffi à désigner son auteur aux suffrages de ses collègues, s'il ne les eût déjà mérités par les ser- vices intérieurs rendus à la Société. Il fut élu secrétaire en février 1867 et ceux d'entre vous qui furent ses collègues à cette époque n'ont pas oublié le zèle qu'il apporta dans l'exercice de ses nouvelles fonctions : pour ma part, je n'ai pas oublié le travail qu'en 1878 il consacrait à la mémoire de mon père que la mort venait d'arra- cher au fauteuil qu'il occupait depuis douze ans. Il ne m'appartient pas d'apprécier ici la valeur du portrait qu'il traçait d'une main si sûre : mais je puis affirmer que la lecture de ce morceau scella pour toujours l'amitié qui me liait à l'auteur ; les qualités de pensée et de style, la sincérité de l'émotion, l'élévation des sentiments, la mesure parfaite apportées par lui dans l'appréciation d'une mémoire qui m'était chère, achevèrent de m'attacher à un collègue vers lequel m'attirait déjà une entière conformité d'idées et d'opinions ; notre amitié a duré jusqu'au dernier jour, nous soutenant mutuellement dans l'effort commun, dans les phases diverses de luttes engagées pour les mêmes causes et qui comptent plus de défaites que de succès.

Notre collaboration est devenue encore plus intime le jour où vos bienveillants suffrages m'ont appelé à ce fauteuil. Je trouvais Rousseau déjà au Bureau ; je m'étonnais de l'y voir maintenu à la deuxième place quand je m'asseyais à la première ; en fait, sa constante assiduité a eu bien souvent à suppléer aux intermittences inévitables de la mienne. Il s'ingéniait à me faciliter ma tâche en en assumant les côtés laborieux : son initiative intelligente soulevait les questions, en préparait l'étude, stimulait les compétences, communiquait aux autres l'ardeur qui l'animait. Son nom restera attaché à la plupart des œuvres importantes accomplies par la Société depuis vingt ans ; il me suffira de citer la grande étude sur le métayage, le concours de monographies agricoles, la création de la Commission de statistique ; et, si je pouvais entrer dans le détail de nos séances, que de citations ne devrais-je pas faire ! Vous avez d'ailleurs tous présente à l'esprit l'activité qu'il y déployait ; vous entendez encore cette parole abondante, toujours prête, soutenue par une connaissance approfondie des questions, par une sérieuse étude personnelle, par une longue pratique des affaires, éclairée et réchauffée par les inspirations d'un esprit ouvert, d'un jugement droit et d'un cœur généreux. Et son activité n'était pas limitée aux murs de cette enceinte : elle s'épanchait au dehors. Préoccupé du côté économique et social des questions agricoles autant que de leur côté technique, soucieux des intérêts moraux et du bien-être des populations rurales autant que de leurs intérêts professionnels, il cherchait à les satisfaire sous les formes nouvelles que l'esprit de mutualité et de solidarité s'efforce à déterminer. C'est ainsi qu'il a contribué, plus qu'aucun autre en ce pays, à l'organisation des Congrès où ces questions ont été étudiées, à la création du Syndicat des Agriculteurs du Cher et du faisceau d'institutions groupées autour de lui, et qu'il est à l'origine des bienfaits que l'on est en droit d'attendre de ces utiles fondations.

Telle est, Messieurs, résumée en ses traits principaux, l'œuvre agricole de Camille Rousseau ; la trace profonde qu'elle laisse en ce pays jointe au souvenir des services rendus et du bien accompli dans les autres branches de l'activité sociale, administrative et charitable, perpétuera dans l'estime des honnêtes gens la mémoire de notre vice-président et ami ; et si l'on songe que cette œuvre s'est poursuivie sans défaillance et sans découragement, à travers les souffrances d'une santé affaiblie, les déceptions du patriotisme, les chagrins domestiques les plus cruels, l'admiration qu'elle nous inspire se mêle d'une profonde et déférente sympathie. Puisse ce sentiment, respectueusement exprimé, apporter quelque adoucissement aux regrets d'une compagne accomplie qui fut l'auxiliaire dévouée, tendre et intelligente de cette belle vie ; à ceux d'enfants qui tiendront à honneur d'en suivre l'exemple et d'en continuer la tradition.

DÉPARTEMENT DU CHER   *Bourges, le 23 août 1899.*

—

SOCIÉTÉ
D'ASSURANCES MUTUELLES
CONTRE L'INCENDIE

—

DIRECTION
4, Place George-Sand

—

DISCOURS DE M. THOMAS

Messieurs, une mort douloureusement ressentie dans notre contrée, et tout particulièrement dans ce Conseil, vient de nous ravir M. Rousseau à un âge où nous devions espérer le conserver longtemps encore à notre tête.

Il disparaît dans tout l'éclat des remarquables facultés qui lui avaient valu l'estime et les suffrages des milieux divers dans lesquels il avait vécu. D'autres, parmi les plus dignes, ont célébré comme il convenait, les vertus de l'homme public, nous avons eu souvent affaire à l'homme de l'intimité.

Dans les entretiens et les rares discussions de notre paisible Conseil d'administration, M. Rousseau était un charmeur ; il éveillait l'attention par sa parole à la fois nette et affable, il la retenait et achevait de séduire par la sagesse et la sûreté de son raisonnement. Ici d'ailleurs, comme dans la commune qu'il habitait, la plus grande partie de l'année, comme au Conseil Général du département, à la Société d'Agriculture et au Syndicat des Agriculteurs du Cher, ses qualités naturelles le désignaient pour les premiers rangs. Entré dans ce Conseil le 18 mars 1871, il fut élu vice-président le 17 avril 1886 et président le 15 février 1890.

Une transformation importante dans les statuts de la Société a suivi de près son installation comme chef du Conseil. Constatée par un acte public du 24 mars 1892, elle a eu principalement pour objet l'introduction de l'incendie du mobilier au nombre des risques garantis par la Société, la modération des cotisations réglées au tableau de classification des risques.

En dehors de ces notables modifications dont il avait pris l'initiative, M. Rousseau organisa l'inspection des agences prévue par l'article 59 de nos statuts ; il s'assujettit ponctuellement à la surveillance que comportaient ses fonctions, il accomplit enfin dans le Conseil sa tâche mensuelle de Président avec la lucidité et la courtoisie dont le souvenir vivra parmi nous comme hommage suprême à sa mémoire.

Le Conseil s'associe à l'unanimité aux regrets qui viennent d'être exprimés et charge M. le

Directeur de transmettre à la famille de M. Rousseau copie du procès-verbal qui les constate.

Il décide de lever la séance en signe de deuil.

EXTRAIT

DU REGISTRE DES DÉLIBÉRATIONS DU CONSEIL MUNICIPAL DE LA COMMUNE DE BAUGY

Séance du 23 juillet 1899

L'an mil huit cent quatre vingt dix-neuf, le 23 juillet à 8 heures du matin, sur la convocation faite par le Maire, mentionnée au registre des délibérations, affichée à la porte de la mairie et adressée par écrit et à domicile le 19 juillet, le Conseil municipal de la commune de Baugy s'est assemblé à la mairie en la salle des séances.

Étaient présents MM. Dubois, Pion, Ragon, Danchaud, Faure, Porcher, Vertalier, Vétois, Lemeuthe, conseiller municipaux, qui ont pris rang dans l'ordre du tableau.

Étaient absents MM. Bouet, Lebelle, Gibereau, Rollet, Thibault, Danton, Fontaine.

La majorité des membres du Conseil assistant à la réunion M. le Maire, présidant le Conseil, a déclaré la séance ouverte et dit que le Conseil a été assemblé en séance extraordinaire, à l'effet de délibérer sur les objets ci-après.

M. Lemeuthe est nommé pour remplir les fonctions de secrétaire.

Le Conseil municipal de Baugy se trouvant réuni en session ordinaire pour la solution d'affaires communales, M. Faure propose au Conseil d'exprimer à Mme Rousseau et à sa famille la part que prend le Conseil et la population entière de Baugy à la perte irréparable que tous ont faite en la personne de M. Camille Rousseau.

A l'unanimité, tous les membres du Conseil s'associent à cette proposition. Les services rendus par l'éminent conseiller général ne seront jamais oubliés. L'assemblée communale sait avec quel dévouement, avec quelle haute intelligence il a, pendant trente ans, défendu avec une autorité, une énergie et une habileté qui ne se sont jamais démenties, les intérêts du canton et du département.

Le Conseil décide que mention de ses regrets sera faite au registre des délibérations, et que la présente délibération sera présentée à la signature de tous les membres, absents et présents.

Les Conseillers municipaux,   *Le Maire,*
Dubois.

Bouet,	Gibereau,	Ragon,
Danchaud,	Lebelle,	Rollet,
Danton,	Lemeuthe,	Thibault,
Faure,	Pion,	Vétois,
Fontaine,	Porcher,	Vertalier.

SOCIÉTÉ

DE L'ENSEIGNEMENT LIBRE DU BERRY

Madame,

J'ai été chargé par le Conseil d'administration de la Société de l'Enseignement libre du Berry de vous transmettre les quelques paroles qui ont été inscrites au procès-verbal de la séance du 7 octobre 1899 ; permettez-moi de les transcrire ici :

« M. Corbin expose que le Conseil d'administration a depuis sa dernière réunion vu disparaître un de ses membres, M. Camille Rousseau, dont la perte a été vivement ressentie. M. Rousseau appartenait au Conseil d'administration depuis la fondation de la Société, quand la mort est venue l'enlever à l'affection de ses collègues. Il a prêté au Conseil, jusqu'au dernier moment, le concours de ses lumières et de son expérience avec le plus infatigable dévouement.

« Le Conseil qui gardera un souvenir reconnaissant de ses services adresse à sa famille l'expression de ses sympathiques regrets. »

Après avoir rempli ce devoir, après avoir dit combien, dans cette œuvre comme dans toutes celles auxquelles il s'adonnait, Camille Rousseau avait montré de jugement droit et éclairé, com-

A Madame Camille Rousseau, Bourges.

bien il savait apporter de ressources et de mise en action à tout ce qu'il touchait, permettez-moi, chère Madame, de dire un mot de l'ami d'enfance, de jeunesse et d'âge mûr que j'ai perdu. Combien cette affection, née au collège, toujours fidèlement gardée, malgré 18 années que j'ai passées loin du Berry, s'était de mieux en mieux cimentée par l'estime profonde qu'il m'inspirait et la communauté générale de sentiments sur tant de sujets qui régnait entre nous. Je n'ai pas oublié, je n'oublierai jamais, quand ma vie était en danger, comme il vint m'assister avec empressement, jamais, ce cœur-à-cœur dans les deuils qui nous ont frappés l'un et l'autre.

Oui, certes, les voix les plus autorisées l'ont proclamé, Camille était un homme de caractère et d'intelligence, un homme utile à sa région et à son pays, et à ce titre digne de tous les hommages et de tous les respects. Mais pour moi, qui le connaissais depuis toujours, c'était surtout son cœur bon, généreux, large et haut qui m'attachait à lui, Je ne voyais en lui qu'un ami, mais un ami parfait. Aussi comprenant ce que vous perdez d'après ce que je perds, je m'associe mieux et plus entièrement à vos regrets.

Veuillez agréer, chère Madame, l'expression de ma profonde condoléance et de mes plus respectueux hommages.

Ed. CORBIN.

EXTRAIT

du rapport présenté par M. CHÉNON DE LÉCHÉ
à l'Assemblée générale du Syndicat des Agri-
culteurs du Cher le 20 janvier 1900.

. . . .

Mais, avant de passer à l'examen des chiffres,
vous me permettrez de rappeler d'un mot la
grande perte qu'a faite le Syndicat dans le courant
de cette année. C'est, je le sais, une dérogation à
nos usages, les rapports précédents sont muets
sur les nombreux vides que la mort fait chaque
année parmi nous, mais vous penserez avec moi
que la haute personnalité du regretté M. Rousseau
motive cette exception. Je n'ai pas d'ailleurs l'intention d'essayer de retracer sa vie ou de faire son
éloge, la tâche serait au-dessus de mes forces, et
des voix plus autorisées que la mienne ont parlé
de lui comme il le méritait. Votre *Bulletin* vous a
dit sa vie toute de dévouement aux intérêts agricoles ; vous l'avez du reste tous connu et apprécié ; que pourrais-je vous dire ?

M. Rousseau nous a été enlevé prématurément,
terrassé par une maladie impitoyable ; mais il
nous reste de lui, mieux qu'un souvenir ému et
reconnaissant, il nous reste son œuvre à conti-

nuer. Le Syndicat a été fondé par lui. Sous sa présidence, il s'est fortifié et développé. A nous de profiter de la puissante organisation qu'il nous a léguée ; à nous de réaliser tous les généreux projets qu'il avait rêvés ; ce sera le meilleur moyen d'honorer sa mémoire.

Il nous a d'ailleurs laissé un guide, qui fut le confident de toutes ses pensées et le collaborateur de toutes ses œuvres ; c'est celui que vos suffrages ont désigné pour lui succéder, et chez qui nous retrouvons la même science agricole, le même dévouement, la même bienveillance.

.   .   .   .   , ...

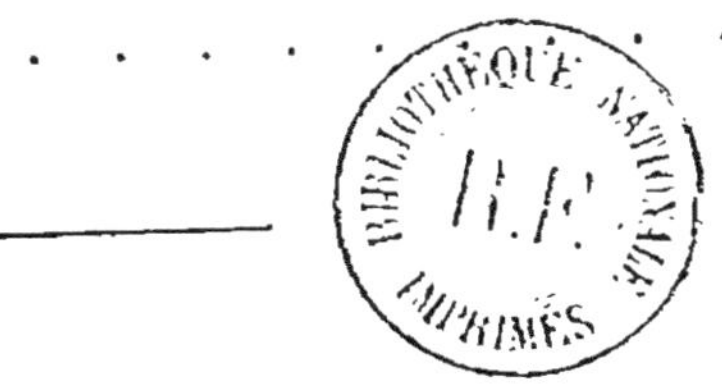

TABLE

—

A LA MÉMOIRE DE M. ROUSSEAU

———